Kornelia Stuckenberger

Sprachfallen
Spanisch

Max Hueber Verlag

| R 3. | 2. | 1. | Die letzten Ziffern |
| 2001 | 2000 | 99 | 98 | bezeichnen Zahl und Jahr des Druckes. |

Alle Drucke dieser Auflage können, da unverändert,
nebeneinander benutzt werden.

1. Auflage 1998
© 1998 Max Hueber Verlag, D-85737 Ismaning
Verlagsredaktion: P. Salabè, München
Umschlaggestaltung: Holger Latzel, München; Parzhuber & Partner, München
Zeichnungen: Katja Lechtaler, München
DTP: Satz + Layout Fruth GmbH, München
Gesamtherstellung: Ludwig Auer, Donauwörth
Printed in Germany
ISBN 3-19-004064-8

Inhaltsverzeichnis

Vorwort

Die Idee, ein Wörterbuch der sogenannten „Falschen Freunde" zu machen, entstand bei einem Hotelaufenthalt in Spanien. Den Gästen dieses Hotels wurden zum Frühstück „Infusionen" und zum Mittagessen „Kombinierte Platten" angeboten. Sicherlich bestellten nur besonders wagemutige oder der spanischen Sprache kundige Touristen «infusiones», d. h. Tee, da sie nicht auf diesen „Falschen Freund" hereingefallen waren.

Der Hauptgrund für die Entstehung dieser „Falschen Freunde" liegt in der Tatsache, dass im Laufe ihres Vordringens die lateinische Sprache den europäischen Ländern auf der einen Seite eine Reihe „internationaler" Ausdrücke – vor allem in der Wissenschaft – brachte. Als Beispiele hierfür seien genannt: *Differenz/diferencia, Prozent/por ciento, summieren/sumar* usw. Auf der anderen Seite aber führte dieser Prozess zu einem „Babylonischen Sprachgewirr", da manche Wörter in den verschiedenen Ländern unterschiedliche Bedeutungen annahmen. Diese Wortpaare ergeben die „Falschen Freunde": d. h., zwei Wörter aus zwei verschiedenen Sprachen, die sich zwar in der Schreibweise und/oder im Klang sehr ähnlich sind, die jedoch verschiedene Bedeutungen haben. Oft ist das semantische Feld der deutschen Begriffe dem entsprechenden spanischen ähnlich. Die Begriffe haben aber dann nur eine eingeschränkte Bedeutung (z. B. *artista/Artist, tiempo/Tempo*) oder der Gebrauch im Deutschen ist z. T. pejorativ (z. B. *denunzieren/denunciar, Kollaborateur/colaborador*). Um diese Sammlung so vollständig wie möglich zu gestalten, wurden auch diese partiellen „Falschen Freunde" mit aufgenommen.

Dieses Buch führt etwa 350 der wichtigsten „Falschen Freunde" im Deutschen und Spanischen an. Die meisten von ihnen wurden mit Beispielen erläutert, die in die jeweils andere Sprache übersetzt wurden. Dabei wurde in den Fällen, in denen eine wörtliche Übersetzung unnatürlich klingt, immer eine möglichst idiomatische Übersetzung angestrebt.

Wer jemals von einem „Falschen Freund" hereingelegt wurde oder bemerkt hat, wie Übersetzungen manchmal unfreiwillig komisch wirken, wird sicherlich zukünftig auf der Hut sein. Dieses Buch soll Ihnen dabei helfen, sich im Labyrinth der „Falschen Freunde" zurecht zu finden und dabei einen „siebten Sinn" für diese Sprachfallen zu entwickeln. Ob Ihnen das gelungen ist, können Sie am Ende des Buches in 5 knappen Abschlusstests selber überprüfen.

Mein Dank geht an alle, die mir mit Beispielen und Rat geholfen haben, besonders an meinen Mann, Celestino Sánchez, der das Manuskript kritisch prüfte. Dank auch an die Studierenden des Fremdspracheninstituts München, die mir – allerdings eher unfreiwillig – durch besonders „schöne" Übersetzungspannen viele Anregungen für dieses Buch gegeben haben.

München, August 1998   Kornelia Stuckenberger

Verzeichnis der Abkürzungen

Abkürzung	Deutsch	Spanisch
Adj.	Adjektiv	*adjetivo*
Adv.	Adverb	*adverbio*
allg.	allgemein	*generalmente*
Am.	Amerika(nismus)	*en Hispanoamérica*
f.	feminin	*femenino*
FF	Falsche Freunde	*falsos amigos*
FF	mit FF gekennzeichnete	*palabras marcadas con FF*
	Wörter haben einen Eintrag	*son descritas en este libro*
	in diesem Buch	
fig.	figürlich	*en sentido figurado*
Gastr.	Gastronomie	*gastronomía*
Geogr.	Geographie	*Geografía*
Geol.	Geologie	*Geología*
Gram.	Grammatik	*Gramática*
hist.	historisch	*Historia*
jur.	juristisch	*lenguaje jurídico*
Lit.	Literatur	*Literatura*
reg.	regional	*regional*
m.	maskulin	*masculino*
Math.	Mathematik	*Matemáticas*
Med.	Medizin	*Medicina*
Mil.	Militär	*lenguaje militar*
Mus.	Musik	*Música*
n.	Neutrum	*neutro*
Phil.	Philosophie	*filosofía*
Pl.	Plural	*plural*
Pol.	Politik	*Política*
P. P.	Partizip Perfekt	*participio pasado*
Präp.	Präposition	*preposición*
Rel.	Religion	*Religión*
Soz.	Soziologie	*Sociología*
Techn.	Technik	*Técnica*
ugs.	umgangssprachlich	*coloquial*
vulg.	vulgär	*vulgar*
V. intr.	intransitives Verb	*verbo intransitivo*
V. refl.	reflexives Verb	*verbo reflexivo*
V. tr.	transitives Verb	*verbo transitivo*
Wirt.	Wirtschaft	*Economía*
zeitl.	zeitlich	*temporal*

Abonnement n.
1. *suscripción* (Zeitungen)
2. *abono* nur für Theater u. ä. Veranstaltungen [kein FF]

ein Abonnement beim Theater haben	*tener un abono para el teatro*

abonnieren V. tr.
Im Sinne von „eine Zeitung abonnieren": *suscribirse a un periódico*

abonnieren *abonar*

absolvieren V. tr.
Wenn „absolvieren" als Synonym zu „erfolgreich beenden", „abschließen"
verwendet wird, gibt es im Spanischen mehrere Übersetzungsvarianten:
1. *cumplir*

Nachdem er den Militärdienst absolviert hatte, konnte er sein Studium beginnen.	*Después de cumplir el servicio militar, pudo comenzar con sus estudios.*

2. *hacer*

ein Training absolvieren	*hacer un entrenamiento*

3. *realizar*

ein Pensum absolvieren	*realizar una tarea / un trabajo*

4. *terminar*[FF]; *aprobar*

das Studium absolvieren	*terminar[FF] / aprobar los estudios*

abono m.
1. *Zahlung*
2. *Dünger*
3. *Abonnement* (nur Veranstaltungen) [kein FF]

abonar V. tr.
1. *vergüten*

Les abonamos en su cuenta el importe**FF** de la factura**FF**.	*Wir vergüten Ihnen den Rechnungsbetrag.*

2. *düngen*

Muchos campos se abonan demasiado.	*Viele Felder werden zu stark gedüngt.*

3. *billigen; einverstanden sein*

Yo abono todo lo que él decida.	*Ich bin mit all seinen Entscheidungen einverstanden.*

4. «Abonar por una persona» bedeutet *für jdn. haften.*

absolver V. tr.
1. *freisprechen* (im juristischen Sinne)

El juez absuelve al acusado.	*Der Richter spricht den Angeklagten frei.*

2. *jdn. von Sünden freisprechen; jdm. die Absolution erteilen* (im religiösen Sinne)

El confesor le absolvió de sus pecados.	*Der Beichtvater sprach ihn von seinen Sünden frei.*

Affekt m.
pasión; emoción

im Affekt handeln	*obrar a impulsos / cometer un acto[FF] pasional*
Dieses Verbrechen wurde im Affekt begangen.	*El delito ha sido cometido por motivos pasionales.*

affektiert Adj.
1. *amanerado; presumido; redicho*

Sie ist eine schrecklich affektierte Person.	*Ella es una persona terriblemente redicha / amanerada.*

2. *afectado* [kein FF]

agieren V. intr.
actuar

selbständig agieren	*actuar con autonomía / con independencia*
Er wollte lieber im Hintergrund agieren.	*Prefería actuar desde la sombra.*

Der FF ergibt sich nur mit dem Verb «agitar», nicht dagegen mit «actuar».

Akkord m.
1. Im Sinne von „Akkordarbeit": *trabajo a destajo*

Etwa die Hälfte der Belegschaft arbeitet im Akkord.	*Más o menos la mitad de la plantilla hace la jornada a destajo / trabaja a destajo.*

2. *acuerdo* [kein FF]

einen Akkord abschließen (nur jur.)	*llegar a un acuerdo*

3. *armonía* (Mus.)

afecto m.
Zuneigung; Gewogenheit; Gefühl

Sentía gran afecto por ella.	*Er empfand große Zuneigung für sie.*

im Affekt handeln

afecto

afectado Adj.
1. *betroffen; krank*

Los más afectados por las inundaciones fueron los campesinos.	*Die Bauern waren von den Überschwemmungen am härtesten betroffen.*
Está afectado del pulmón.	*Er ist lungenkrank.*

2. *geziert; unnatürlich; affektiert* [kein FF]

agitar V. tr.
1. *schütteln; schwenken*

Agítese antes de usarlo.	*Vor Gebrauch schütteln.*

2. *aufregen; erregen; beunruhigen*

Esta noticia^{FF} le agitó muchísimo.	*Diese Nachricht regte ihn ziemlich auf.*

acuerdo m.
1. *Vereinbarung; Einigkeit; Abkommen*

Lamentablemente, en este punto no nos podemos poner de acuerdo.	*Über diesen Punkt können wir leider keine Einigkeit erzielen.*

2. *Beschluss; Entscheidung*

Deberíamos adoptar de inmediato un acuerdo.	*Wir sollten sofort einen Beschluss fassen.*

3. *Akkord* (nur jur.) [kein FF]

Akkreditiv n.
crédito documentario (Zahlungsmodus, der besonders im Außenhandel verwendet wird.)

Wir bitten Sie, für dieses Geschäft bei Ihrer Bank ein unwiderrufliches Akkreditiv zu eröffnen.	*Para esta operación, sírvanse abrir en su banco un crédito documentario irrevocable.*

akquirieren V. tr. (Wirt.)
contratar

Es wird zunehmend schwieriger, Neugeschäfte zu akquirieren.	*Es cada vez más difícil contratar nuevos negocios.*

Akt m.
1. *desnudo*
2. *acto* [kein FF]

Akten f.
documentación

Akteur m.
protagonista

Er war ein langjähriger Akteur der politischen Szene[FF] in Bonn.	*Durante mucho tiempo[FF] fue uno de los protagonistas de la escena[FF] política de Bonn.*

acreditativo m.
Beleg

Fue imposible dar con el acreditativo / encontrar el acreditativo.	*Der Schuldschein war nicht mehr auffindbar.*

adquirir V. tr.
1. *erwerben*

adquirir experiencia adquirir fama^FF adquirir un derecho	*Erfahrungen machen / erwerben Ruhm erwerben ein Recht erwerben*

2. *kaufen*

adquirir un producto	*ein Produkt erwerben / kaufen*

acto m.
1. *Handlung; Tat*

Con las palabras sabe ser muy gentil, pero no con los actos.	*Mit den Worten kann er sehr umgänglich sein, seine Taten sprechen jedoch eine andere Sprache.*

2. *Veranstaltung; Akt* [kein FF]

actor m.
Schauspieler

Es uno de los pocos actores que hayan ganado dos veces el Oscar.	*Er ist einer der wenigen Schauspieler, die zweimal den Oscar gewonnen haben.*

akut Adj.
de pronóstico reservado; grave; crítico (Med., Pol.)

ein akutes Problem	*un problema candente / agudo / (muy) grave*
Er befindet sich in akuter Lebensgefahr.	*Su estado es de pronóstico reservado / su estado es verdaderamente crítico.*

alt Adj.
1. *viejo* (bei Sachen)

In dem alten Haus wohnt niemand mehr.	*En la casa^FF vieja ya no vive nadie.*

2. *anciano; mayor* (bei Personen)

die älteren Leute	*la gente mayor*

Alt m.
contralto (tiefe Frauenstimme)
Es mag überraschen, dass diese zweite Bedeutung sich vom Lateinischen „altus" (= hoch) ableitet, aber die Partien, die jetzt von Frauenstimmen als Alt gesungen werden, wurden früher von hohen Männerstimmen gesungen.

alt

alto

agudo Adj
spitz; schrill; scharfsinnig

Es muy agudo en sus observaciones.	*Er macht recht scharfsinnige Beobachtungen.*
Tiene una voz muy aguda.	*Sie hat eine sehr schrille Stimme.*
Es un dolor muy agudo el que le aqueja.	*Ihn plagt ein heftiger Schmerz.*

alto Adj. / Adv. / m.
1. Als Adjektiv: *hoch; groß; laut*

Desde esta torre alta se tiene una vista magnífica.	*Von diesem hohen Turm aus hat man einen phantastischen Blick.*
Es una persona muy alta.	*Er ist sehr groß.*
la alta sociedad[FF]	*die High Society*
en voz alta	*laut sprechen*

2. Als Substantiv: *Halt; Stop*

Era imposible no ver la señal de alto.	*Das Stop-Zeichen war nicht zu übersehen.*
La policía le dio el alto.	*Die Polizei hielt ihn an.*

3. Im Sinne von «darse de alta»: *sich anmelden; sich eintragen; Mitglied werden*

Me he dado de alta en el Albacete Balompié.	*Ich bin beim Fußballklub von Albacete Mitglied geworden.*
Antes de que comience el curso hay que pasar por Secretaría y darse de alta.	*Vor Beginn des Kurses muss man sich im Sekretariat anmelden.*
Ya me he dado de alta como voluntario[FF].	*Ich habe mich als Freiwilliger eingetragen.*

4. Im Sinne von «dar de alta»: *gesundschreiben*

dar de alta en el hospital (= ingresar en el hospital)	*ins Krankenhaus einliefern*
dar de alta del hospital	*aus dem Krankenhaus entlassen; gesundschreiben*
Como ya estoy dado de alta, el próximo lunes me reincorporaré al trabajo.	*Da ich schon gesundgeschrieben bin, werde ich nächste Woche wieder anfangen zu arbeiten.*

Ambiente n.
ambiente [kein FF]
Dieses Wort hat erst in den letzten Jahrzehnten Eingang in den deutschen
Wortschatz gefunden und wird – im Gegensatz zum spanischen «ambiente» –
in erster Linie im Zusammenhang mit Architektur, Malerei usw. und als
Synonym zu „Atmosphäre" verwendet.

ambulant Adj.
1. *en régimen de ambulatorio*

Diese Erkrankung kann ambulant behandelt werden.	*Esta enfermedad se puede tratar[FF] ambulatoriamente / en régimen (de) ambulatorio.*
Die ambulante Behandlung ist kostenlos.	*El tratamiento ambulatorio es gratuito / no cuesta nada.*

2. *ambulante* (im Sinne von „umherziehend", „nicht ortsgebunden") [kein FF]

Ambulanz f.
1. Wenn die Einrichtung in einem Krankenhaus zur ambulanten Behandlung
gemeint ist: *ambulatorio*; *dispensario*
2. Wenn man den Krankenwagen, auch Ambulanzwagen, meint: *ambulancia*
[kein FF]

annoncieren V. tr.
poner un anuncio; anunciar en el periódico [kein FF]

antik Adj.
antiguo [kein FF]

antike Möbel	*muebles antiguos*

ambiente m.
1. *Umgebung; Umwelt; Klima*

ambiente de trabajo	*Arbeitsklima*
ministro de medio ambiente	*Umweltminister*

2. *Ambiente* (im Sinne von „Atmosphäre") [kein FF]

ambulante Adj.
umherziehend
Steng genommen kein FF. Im Deutschen wird aber der spanische Begriff
meist umschrieben.

Hoy en día ya no se ven apenas músicos / vendedores ambulantes.	*Heute sieht man kaum mehr Straßenmusikanten / -händler.*

ambulancia f.
Krankenwagen

anunciar V. tr.
1. *ankündigen*
2. *bekannt machen; veröffentlichen; anmelden*
3. *annoncieren* [kein FF]

antiguo Adj.
1. *alt^{FF}; langjährig*

Siendo nosotros antiguos clientes suyos, les quedaríamos muy agradecidos ...	*Als langjährige Kunden Ihres Hauses wären wir Ihnen sehr dankbar ...*

2. *antik* [kein FF]

Antiquitäten f. (Pl.)
antigüedades [kein FF]

> Er hatte den Schrank in einem
> Antiquitätenladen gekauft

> *Había conprado el armario en una
> tienda de antigüedades.*

Applikant m.
solicitante; candidato

> Es kam zu einem Verhandlungs-
> marathon, weil die Applikanten für
> den Beitritt zur Europäischen
> Union zahlreiche Bedingungen
> nicht akzeptieren wollten.

> *Hubo que desarrollar unas
> negociaciones maratonianas pues
> los candidatos a adherirse a la UE
> no querían aceptar numerosas
> condiciones.*

apportieren V. tr.
traer; (ir a) recoger

> Der Hund apportierte alle Stöcke,
> die sie warf.

> *El perro traía todos los palos que
> ella lanzaba.*

Dieses Verb wird im Deutschen nur noch als Fachausdruck in der Hundedressur
verwendet. Es bezeichnet das Heranbringen von Gegenständen durch einen Hund.

appretieren V. tr.
aprestar; aderezar

> Leder appretieren (gerben)
> Der Trenchcoat ist aus appretiertem
> Stoff zum Schutz gegen Regen.

> *aprestar la piel
> La tela de la gabardina ha sido
> aderezada como protección contra
> la lluvia.*

Approbation f. (Med.)
autorización para ejercer la medicina

> Nach Abschluss des Examens
> wurde ihr die Approbation erteilt.

> *Tras aprobar el examen le fue conce-
> dida la autorización para ejercer la
> medicina / como médica / de médica.*

Abgeleitet aus dem lateinischen Wort „approbatio" (= Billigung, Genehmigung)
ergibt sich die heutige, sehr eingeschränkte Bedeutung von „Approbation" als
„staatliche Zulassung zur Berufsausübung" (bei Ärzten, Zahnärzten und
Apothekern).

antigüedad f.
1. *Antike; Altertum*
2. *Dienstalter*

promoción[FF] por antigüedad	*Beförderung nach dem Dienstalter*

3. *Antiquität* [kein FF]

aplicado Adj. / P.P.
1. Als Adjektiv: *fleißig*

una alumna muy aplicada	*eine sehr fleißige Schülerin*

2. Als Partizip Perfekt: *angewandt; auferlegt*

Se le ha aplicado una pena muy severa.	*Ihm wurde eine sehr schwere Strafe auferlegt.*

aportar V. tr.
beitragen; vorbringen

No pudo aportar razones justificativas de su compartamiento. El capital aportado por él era bastante exiguo.	*Sie konnte keine Gründe für ihr Verhalten vorbringen. Das von ihm beigetragene Kapital war ziemlich gering.*

apretar V. tr.
drücken; pressen

Con tanta aglomeración de gente se vió apretado contra la pared. ¡No me aprietes tanto!	*Im dem Gedränge wurde er an die Wand gedrückt. Hetz mich nicht so!*

aprobación f.
Zustimmung; Billigung; Entlastung

La aprobación de la gestión de la Junta Directiva no fue muy convincente. La aprobación de un proyecto de ley.	*Die Entlastung des Vorstands fiel nur sehr schwach aus. Die Zustimmung eines Gesetzesentwurfs.*

Archiv n.
archivo [kein FF]

| das Staatsarchiv | *el archivo de estado* |

Arena f.
Plaza de toros; coso; arena [kein FF]
Im Spanischen bezeichnet «arena» nur der mit Sand gestreute Kampfplatz.

| Nach der Verletzung des Stierkämpfers herrschte in der Arena heillose Verwirrung. | *Tras la cogida del torero, se produjo en la Plaza un enorme*^{FF} *desconcierto.* |

In fast allen größeren Städten in Spanien gibt es eine Stierkampfarena – «Plaza de toros» –, die natürlich mit Sand ausgestreut ist; daher der Name im Deutschen, der sich vom Lateinischen „harena" (= Sand) ableitet.

Armatur f.
1. *grifos*^{FF}*; grifería*

| Die Badezimmerarmaturen sind schon wieder kaputt. | *La grifería del cuarto de baño ha vuelto a estropearse.* |

2. *cuadro de instrumentos* (Kfz-Bereich)

Armee f.
ejército; las fuerzas armadas

| Die Armee rückte aus. | *El ejército se puso en marcha.* |

Unter „Armee" versteht man im Deutschen die Gesamtheit aller (Land-, Luft- und See-) Streitkräfte.

archivo m.
1. *Datei*

| Lo siento, pero he borrado tu archivo por equivocación. | *Es tut mir Leid, aber ich habe aus Versehen deine Datei gelöscht.* |

2. *Archiv* [kein FF]

arena f.
1. *Sand*

| En las islas del Caribe hay muchas playas de arena blanca. | *Auf den Karibikinseln gibt es viele Strände mit weißem Sand.* |

2. *Kampfplatz; Arena* [kein FF]

armadura f.
1. *Ritterrüstung*
2. *Gestell; Gerüst*

armadura de gafas	*Brillengestell*
armadura de tejado	*Dachstuhl*
armadura de acero	*Stahlgerüst (am Bau)*

Armatur

armaduras

armada f.
Kriegsflotte, -marine

| Quedó aniquilada la Armada Invencible, que había sido enviada en 1588 por Felipe II contra los ingleses. | *Die 1588 von Philipp II. gegen England ausgesandte „Unbesiegbare Kriegsflotte" wurde von den Engländern vernichtend geschlagen.* |

Artist m.
artista de circo; acróbata

Und als nächstes, meine Damen und Herren, sehen Sie unsere großartigen Artisten!	*¡Seguidamente, señoras y señores, con ustedes nuestros grandes acróbatas!*
Als Kind träumte er immer davon, Künstler oder Artist zu werden. Seine Eltern waren dagegen: Er musste Jura^FF studieren.	*Cuando era niño soñaba con ser un artista o un acróbata. Pero sus padres estaban en contra: Tuvo que estudiar derecho.*

Assistent m.
1. *ayudante*

Der Assistenzarzt war noch nicht zur Stelle.	*El médico ayudante todavía no había llegado.*
Da der Professor abwesend war, hielt sein Assistent die Vorlesung.	*Como el profesor^FF estaba ausente, su ayudante dio la clase.*

2. *asistente* [kein FF]

assistieren V. tr.
ayudar (a alguien a hacer una cosa)

Bei dieser Operation durfte er dem Chefarzt zum ersten Mal assistieren.	*Era la primera vez que se le permitía ayudar al médico jefe en esa intervención quirúrgica.*

artista m.
Künstler

En marzo tendrá lugar la exposición de obras de artistas contemporáneos.	*Die Ausstellung von Werken zeitgenössischer Künstler findet im März statt.*

Artist

artista

asistente m.
1. *Teilnehmer*

Se ruega a todos los asistentes a la conferencia que vayan a la sala 10.	*Alle Teilnehmer der Konferenz werden gebeten, sich in Saal 10 einzufinden.*

2. *Bursche* (Mil.)
3. *Assistent* [kein FF]

asistenta f.
Zugehfrau

La asistenta sólo viene una vez a la semana.	*Die Zugehfrau kommt nur ein Mal in der Woche.*

asistir V. tr.
1. *(bei einer Veranstaltung) teilnehmen*

Numerosos colegas nacionales y extranjeros asistieron al congreso de traductores.	*An dem Kongress für Übersetzer nahmen zahlreiche in- und ausländische Kollegen teil.*

2. *helfen; pflegen; beistehen*

asistir a un enfermo	*einem Kranken beistehen*
Dios nos asista.	*Gott stehe uns bei.*

Auto n.
coche; *carro* (Am.); *auto* (selten) [kein FF]

Es hat keinen Sinn mit dem Auto ins Zentrum zu fahren, da es kaum Parkplätze gibt.

No tiene sentido ir al centro en coche porque casi no hay aparcamientos.

Auto

auto

auto m.

1. *(richterlicher) Beschluss; Entscheidung*

Fue decretado auto de prisión.	*Es erging Haftbefehl.*

2. auto sacramental: *Mysterienspiel*
3. auto de fe: *Ketzergericht*

En la Edad Media, los tribunales de la Inquisición imponían[FF] autos de fe a los que consideraban grandes pecadores.	*Im Mittelalter hielt die Inquisition Ketzergerichte über die ihrer Meinung nach schweren Sünder ab.*

4. *Selbst-…; Eigen-…; Auto-…*(in Zusammensetzungen)

En el comercio, el sistema de autoservicio tiene más aceptación cada día.	*Das System der Selbstbedienung findet im Handel immer mehr Akzeptanz.*

5. *Automobil* [kein FF]

Bagage f.
1. Als Synonym zu „Gesindel" oder „Pack": *canalla*

Bleib mir mit dieser Bagage vom Hals!	*¡Quítame de encima a este canalla!*

2. Kein FF in der veralteten Bedeutung von *Gepäck*.

Balance f.
equilibrio

Es ist nicht leicht für den Artisten^FF, die Balance zu halten.	*No le resulta fácil al acróbata mantener el equilibrio.*
Ein Balanceakt ist erforderlich, um aus dieser Situation herauszukommen.	*Para salir de esta situación es necesario mantener el equilibrio.*

Ball m.
1. *pelota* (allg.)

Die Kinder waren beim Ballspielen.	*Los niños estaban jugando a la pelota.*

Unter *pelota* versteht man einen kleineren, harten Ball, wie man ihn z. B. zum Tennisspielen gebraucht.

2. *balón^FF (de fútbol)*
Ein *balón* ist ein größerer, mit Luft gefüllter Ball, z. B. fürs Fußballspielen.

Der Torwart konnte den Ball nicht halten.	*El portero no pudo parar el balón^FF.*

3. *baile* (Tanzball)

Der Maskenball war ein voller Erfolg.	*El baile de máscaras fue un éxito^FF rotundo.*

bagaje m.

1. *Gepäck* (Häufiger verwendet wird das Wort «equipaje[FF]».)

Tiene que facturar el bagaje en el mostrador.	*Sie müssen das Gepäck am Gepäckschalter aufgeben.*

2. «Bagaje intelectual» bedeutet *geistiges Rüstzeug.*

Está dotado de un gran bagaje intelectual.	*Er verfügt über ein enormes[FF] geistiges Rüstzeug.*

balance m.

1. *Schaukeln; Schlingern*

El balance del barco asustó a los pasajeros.	*Die Passagiere des Schiffs wurden durch das Schlingern erschreckt.*

2. *Bilanz* (Wirt., nur für Betriebe)

Hoy se presenta el balance anual para el ejercicio pasado[FF].	*Heute wird die Jahresbilanz für das vergangene Geschäftsjahr vorgestellt.*
sacar balance (fig.)	*Bilanz ziehen*

balanza f.

1. *Waage*
2. *Bilanz* (in der Außenwirtschaft)

bala f.

1. *Kugel; Geschoss*

Vino lanzando como una bala.	*Er kam pfeilschnell daher.*

2. *Ballen*

una bala de papel	*ein Ballen Papier*

Ball | bala

Ballon m.
globo

| Luftballon | *globo* |
| Wetterballon | *globo meteorológico* |

Berliner/in m. / f.
1. *una persona de Berlín*
2. *buñuelo* (im Sinne von Krapfen)

| Zum Frühstück isst er immer einen Berliner. | *Para desayunar come siempre un buñuelo.* |

Beton m.
hormigón; concreto (Am.)

blank Adj.
1. In der Bedeutung von „glänzend", „sauber": *limpio; reluciente; brillante*

| Er trug stets blankgeputzte Schuhe. | *Llevaba siempre los zapatos tan limpios como la cera.* |

2. In der Bedeutung von „bloß", „offensichtlich": *verdadero; obvio*

| Du redest blanken Unsinn. | *Lo que dices es un verdadero disparate.* |

3. Kein FF bei „blanke Waffe", *arma blanca*, und „Blancoscheck", *cheque en blanco*.

balón m.
größerer, mit Luft gefüllter Ball

balón de futbol	*Fußball*

berlina f.
1. *Limousine*

Esta berlina satisfacerá todos sus deseos.	*Diese Limousine wird all Ihren Vorstellungen gerecht werden.*

2. *zweisitziger Pferdewagen*

Dimos un romántico paseo por París en berlina.	*Wir machten eine romantische Spazierfahrt durch Paris in der Pferdekutsche.*

betún m.
1. *Teer*
2. *Schuhcreme*

blanco m. / Adj.
1. Als Substantiv: *Ziel; Zielscheibe*

No he dado en el blanco.	*Ich habe mein Ziel verfehlt.*

2. Als Adjektiv: *weiß*

Se pone blanco como la pared.	*Er wird weiß wie die Wand.*
vino blanco	*Weißwein*
pan blanco	*Weißbrot*

3. Als Adjektiv: *blanko* [kein FF]

extender un cheque en blanco	*einen Blankoscheck ausfüllen*

Bonbon m.
caramelo
Während ein „Bonbon" im Deutschen „Zuckerware" bezeichnet, besteht ein
bombón aus Schokolade.

brav Adj.
bueno

| Was für ein braves Kind! | *¡Qué niño más bueno!* |

Urprünglich auf das lateinische Wort „bravo" (= wild, unbändig)
zurückgehend, ist „brav" heute ein Synonym zu „gehorsam", „artig".

Büffet n.
1. *bufé; bufet; buffet* (Gastr.) [kein FF]
2. *aparador* (Möbel)

Bürger m.
ciudadano; vecino; habitante (auch im Sinne von „Einwohner")

| die Bürger einer Stadt | *los vecinos de una ciudad* |
| die Bürger eines Landes | *los habitantes de un país* |

Während das deutsche Wort „Bürger" in seiner Bedeutung absolut neutral ist,
beinhaltet das spanische *burgés* die negative Konnotation eines
„Kleinbürgers".

Büro n.
oficina; despacho

| Um 17.00 verließen alle Angestellten das Büro. | *Todos los empleados salieron de la oficina a las 17.00 horas.* |

bombón m.
1. *Praline*
2. *hübsches Mädchen* (fig.)

> La chica es un bombón.   *Das Mädchen ist sehr attraktiv.*

bravo Adj.
tapfer; mutig; wild; wütend

> En Andalucía y en Extremadura   *In Andalusien und Extremadura*
>   prolifera la cría de toros bravos.   *werden viele Kampfstiere gezüchtet.*
> ponerse bravo   *wütend werden*

«La Costa Brava» bedeutet wörtlich „*Die wilde Küste*".

bufete m.
1. *Büro* (eines Rechtsanwalts)
2. *Schreibtisch* (selten)

burgués m. / Adj.
1. Als Substantiv:(*Spieß-*)*Bürger; Bourgeois*

> un pequeño-burgués   *ein Kleinbürger*

2. Als Adjektiv: *bürgerlich* (Pol.)

> mentalidad burguesa   *(klein)bürgerliche Mentalität*

buró m.
1. *Schreibtisch*
2. *Nachttisch* (Am.)
In der Zusammensetzung mit dem Adjektiv «político» bedeutet «buró»
Politbüro [kein FF].

Christ m.
cristiano

Am Ostersonntag versammeln sich jedes Jahr viele Christen auf dem Petersplatz in Rom.	*Cada año, el Domingo de Resurrección un gran número de cristianos se concentra en la plaza de San Pedro en Roma.*

Code (auch „Kode" geschrieben) m.
código; cifra

Der Geheimcode war nicht leicht zu dechiffrieren.	*El código secreto[FF] resultaba bastante difícil de descifrar.*

cristo / Cristo m.
1. *Kruzifix*
2. *Christus* [kein FF]

| 200 años antes de / después de Cristo | *200 Jahre vor / nach Christi* |

codo m.
1. *Ellbogen*

| una lesión en el codo | *eine Verletzung am Ellbogen* |

2. *Elle* (Historische Maßeinheit entsprechend dem Abstand zwischen dem Ellbogen und der Hand, ca. 60 cm.)

Datum n.
fecha

Welches Datum haben wir heute?	*¿A qué día estamos? / ¿Qué fecha es hoy?*
Mit heutigem Datum senden wir Ihnen die bestellte Ware.	*Con fecha de hoy les expedimos la mercancía pedida.*

defekt Adj.
defectuoso; estropeado

Irgendetwas am Bildschirm meines Computers ist defekt.	*Algo se ha estropeado / Algo no funciona / Algo falla en la pantalla de mi ordenador*[FF].

Dekor n.
decoración; adorno (als Synonym zu „Verzierung", „Muster")

Das Dekor des Porzellans zeugte von sehr viel Geschmack.	*La decoración de la porcelana delataba un gusto exquisito.*

delikat Adj.
1. *sabroso; rico; excelente* (in der Bedeutung von „lecker", „fein")

Vielen Dank für das delikate Essen.	*Muchas gracias por la excelente comida.*

2. *delicado* (in der Bedeutung von „heikel", „schwierig") [kein FF]

eine sehr delikate Angelegenheit	*un asunto muy delicado*

dato m.
1. *Unterlage*
2. Kein FF in der Bedeutung: *Angabe; Daten*

Roberto no quiso dar sus datos personales.	*Roberto weigerte sich, Angaben zur Person zu machen.*

defecto m.
1. *Fehler; Mangel*

Juán tiene muchos defectos.	*Juán hat viele Fehler.*

2. *Defekt* [kein FF]

El defecto se debe a la interrupción del suministro de corriente.	*Der Defekt ist auf die unterbrochene Stromzufuhr zurückzuführen.*

decoro m.
Anstand; Schicklichkeit

Deberías intentar comportarte con decoro.	*Du solltest dich bemühen, den Anstand zu wahren.*

delicado Adj.
1. *wählerisch* (in Zusammenhang mit «ser»)

Es muy delicado para la comida.	*Er ist sehr wählerisch, was das Essen betrifft.*

2. *angegriffen* (in Zusammenhang mit «estar»)

Está muy delicado de salud[FF].	*Er ist gesundheitlich sehr angegriffen.*

3. *heikel; schwierig* [kein FF]

Se trata de una tarea delicada.	*Es ist eine sehr heikle Aufgabe.*

4. *nicht strapazierfähig*

tejidos delicados	*nicht strapazierfähige Stoffe*

Delikatesse f.

1. *golosinas; manjares exquisitos* (als Synonym zu „Köstlichkeit")

Delikatessengeschäft	*tienda de ultramarinos finos /* *mantequerías finas* (Süßwaren)
Echter Kaviar ist eine sehr geschätzte Delikatesse.	*El caviar auténtico es un manjar* *exquisito.*

2. *delicadeza* (in der Bedeutung von „Behutsamkeit") [kein FF]

Delikatesse   *delicadeza*

Demission f.
renuncia; dimisión

Nach dem Korruptionsskandal reichte der Minister seine Demission ein.	*El ministro presentó su dimisión tras* *darse a conocer el escándalo de* *corrupción.*

Der FF ergibt sich nur mit dem Wort «demisión», nicht dagegen mit
«dimisión»

Demonstration f.

1. *manifestación* (Pol.)

An der Demonstration nahmen mindestens 2000 Menschen teil.	*Secundaron la manifestación por lo* *menos 2000 personas.*

2. *demostración* (allg.) [kein FF]

Zur besseren Demonstration möchte ich Ihnen die Ergebnisse unserer Untersuchungen auf dem Schaubild zeigen.	*Para lograr una mejor demostración,* *les voy a enseñar en la pantalla los* *resultados de nuestras* *investigaciones.*

delicadeza f.
1. *Takt-, Feingefühl*

Tu comportamiento de ayer fue una muestra de poca delicadeza.

Gestern hast du mit deinem Benehmen wenig Feingefühl bewiesen.

tratar[FF] a una persona con delicadeza

jemanden sehr taktvoll behandeln

2. *Vorsicht; Behutsamkeit* [kein FF]

tratar[FF] (una cosa) con delicadeza

sehr vorsichtig mit etwas umgehen

3. *Feinheit*

No sólo como pintor era muy apreciado, también sus dibujos tenían una gran delicadeza.

Er war nicht nur als Maler beachtenswert, auch seine Zeichnungen waren von großer Feinheit.

demisión f.
Demut; Unterwürfigkeit (selten)

actuar con total demisión a Dios

in Demut zu Gott handeln

demostración f.
1. *Nachweis; Beweis*

Ésta es la demostración de lo que digo.

Das ist der Beweis für meine Behauptungen.

2. Kein FF in der Bedeutung: *Vorführung; Darlegung*
3. *Bekundung*

una demonstración de cariño

ein Liebesbeweis

demonstrieren V. intr. / V. tr.
FF analog zum Substantiv
1. Als intransitives Verb: *manifestarse* (Pol.)

Bei dem Streik gingen viele Menschen auf die Straße, um für ihre Forderungen zu demonstrieren.	*En la huelga, numerosas personas se lanzaron a la calle para manifestarse en favor de sus reivindicaciones.*

2. Als transitives Verb: *demostrar*, im Sinne von „zeigen", „erklären" [kein FF]

Ich möchte Ihnen nun die Wirkungsweise unseres neuen Produktes demonstrieren.	*Permítanme ustedes que les demuestre la efectividad de nuestro nuevo producto.*

Denunziant m.
delator

Der Denunziant verriet alle seine Freunde.	*El delator proporcionó los nombres de todos sus amigos.*

Denunziation f.
delación

Die Denunziation durch seine Nachbarin führte zu seiner Verhaftung.	*Fue detenido tras ser delatado por su vecina[FF].*

Während das deutsche Wort „Denunziation" sich nur auf eine Anzeige aus niedrigen / verrräterischen Beweggründen bezieht, ist «denuncia» (= Anzeige) ein neutraler juristischer Begriff.

denunzieren V. tr.
delatar

Sie wurde von ihren Nachbarn bei der Polizei denunziert.	*Sus vecinos fueron los que le delataron a la policía.*

denunzieren | *denunciar*

demostrar V. tr.
erklären; erläutern; zeigen [kein FF]

¿Me demuestras cómo se hace la paella sin que el arroz se pase? Su culpabilidad no se puede demostrar.	*Zeigst du mir, wie man Paella zubereitet, ohne dass der Reis verkocht? Man kann seine Schuld nicht beweisen.*

denunciante m.
Anzeigeerstatter (bei der Polizei)

El denunciante especificó a la policía algunos datos sobre el robo[FF] con fractura en su casa[FF].	*Der Anzeigeerstatter machte der Polizei gegenüber Angaben über den Einbruch in seiner Wohnung.*

denuncia f.
1. *Anzeige* (jur.)

Voy a presentar denuncia contra usted.	*Ich werde gegen Sie Anzeige erstatten.*

2. *Kündigung eines (völkerrechtlichen) Vertrags*

denunciar V. tr.
1. *anzeigen* (jur.)

Tienes que denunciar ante la policía que te han robado la cartera.	*Du musst den Diebstahl deiner Brieftasche bei der Polizei anzeigen.*

2. *melden; publik machen*

Este escándalo político ha de ser denunciado públicamente.	*Dieser politische Skandal muss publik gemacht werden.*

3. *kündigen*

denunciar un contrato	*einen Vertrag kündigen*

Deputat n.
1. *remuneración en especie*
2. *parte; porción*

Ein „Deputat" ist ein bestimmter Anteil am Lohn oder Gehalt, der in Form von Sachleistungen ausgezahlt wird. Auf das lateinische „deputatum" (= das Zugeteilte) zurückzuführen.

Dessert n.
postre

Zum Dessert gab es Karamelpudding oder Erdbeeren.	*De postre había flan o fresones.*

Dessert

desierto

Devise f.
1. *divisa* (Wirt.) [kein FF]

Die heutigen Devisenkurse lauten wie folgt: 1 US-Dollar kostet DM 1,84 ...	*Las cotizaciones registradas por las divisas en la sesión[FF] de hoy son las siguientes: un dolar norteamericano vale 1,84 marcos alemanes ...*

2. In der Bedeutung von „Thema", „Wahlspruch": *lema; consigna*

Die Devise der drei Musketiere war 'Alle für einen, einer für alle'.	*El lema de los tres mosqueteros era 'Uno para todos y todos para uno'.*

dezent Adj.
1. *tenue* (zart)

dezentes Licht	*luz tenue*

2. *discreto* (taktvoll; unauffällig)

Dieser dezente Hinweis war nicht zu überhören.	*Esa discreta advertencia no pudo pasar[FF] desapercibida.*

3. *decente* (schicklich) [kein FF]

diputado m.
Abgeordneter

Los diputados recién elegidos convocaron una sesión[FF] extraordinaria.	*Die neugewählten Abgeordneten beriefen eine Sondersitzung ein.*

desierto m. / Adj.
1. Als Substantiv:*Wüste*

El Desierto Sahara es el mayor del mundo.	*Die Sahara-Wüste ist die größte der Welt.*

2. Als Adjektiv: *leer; wüst; öde; verlassen*

Al marcharse la última[FF] familia el pueblo[FF] quedó desierto.	*Als die letzte Familie fortging, blieb das Dorf leer und verlassen zurück.*

devisa f.
1. *Devise* (Wirt.) [kein FF]
2. *Erbsitz*

Las devisas propiedad de la familia fueron siendo repartidas entre los coherederos de una generación a otra.	*Der sich im Besitz der Familie befindende Erbsitz wurde im Laufe der Generationen unter die Miterben aufgeteilt.*

3. *Zucht*

Los toros de la corrida de hoy son de la divisa de S. Hermanos.	*Die Stiere des heutigen Stierkampfes sind aus der Zucht von S. Hermanos.*

decente Adj.
1. *anständig; sittlich; schicklich*

Pese a sus defectos[FF] es un tipo muy decente.	*Trotz seiner Fehler ist er ein ganz anständiger Kerl.*

2. *angemessen*

No me parece que el precio sea muy decente.	*Ich halte diesen Preis für nicht ganz angemessen.*

3. *schicklich; dezent* [kein FF]

Dirigent m.
director de orquestra

Unter diesem Dirigenten war das Konzert ein großes Erlebnis.	*Bajo la batuta de este director el concierto fue un gran espectáculo.*

Dirigent

dirigente

Diskurs m.
discusión

Nach der Reformation setzte zum ersten Mal ein Diskurs über die Institution der Ehe ein, den es in dieser Form vorher nicht gab.	*Lo primero[FF] que ocurrió después de la Reforma fue una discusión sin precedentes sobre el matrimonio como institución.*

diskutabel Adj.
sensato; que se puede discutir

Endlich einmal ein diskutabler Vorschlag.	*Por fin, una propuesta sensata / sobre la que se puede discutir.*

disponiert Adj.
1. *predispuesto*

für eine Krankheit disponiert sein	*estar predispuesto a adquirir[FF] una enfermedad*

2. indisponiert sein: *estar indispuesto* [kein FF]

Der Sänger konnte gestern nicht auftreten, da er indisponiert war.	*El cantante no pudo actuar ayer por encontrarse indispuesto.*

Dissertation f.
tesis doctoral

dirigente m.
Leiter; Anführer; Vorsitzender

dirigente sindical	*Gewerkschaftsführer*
Los dirigentes políticos de ambos partidos se han reunido para celebrar conversaciones de sondeo.	*Die Vorsitzenden der beiden Parteien hatten sich zu Sondierungsgesprächen getroffen.*

discurso m.
Rede

El discurso pronunciado por John F. Kennedy en Berlín será recordado siempre.	*An die Rede John F. Kennedys in Berlin wird man sich immer erinnern.*

discutible Adj.
fraglich; anfechtbar

una teoría muy discutible	*eine sehr anfechtbare Theorie*

dispuesto Adj.
1. *bereit*

Estoy dispuesto a hacer todo lo necesario al respecto.	*Ich bin bereit, alles diesbezüglich Notwendige zu unternehmen.*

2. *aufgelegt*

Hoy está mal dispuesto.	*Heute hat er schlechte Laune.*

3. *entschlossen*

Los EEUU están firmemente dispuestos a firmar[FF] el tratado	*Die USA sind fest entschlossen, diesen Vertrag zu unterzeichnen.*

disertación f.
Vortrag; wissenschaftliche Rede

Emigrant m. (Pol.)
refugiado; exiliado; emigrado

Viele der Emigranten aus Deutschland, die ihr Land nach 1933 verlassen mussten, fanden in Amerika eine neue Heimat.	*Una gran parte de los refugiados alemanes, que se vieron obligados[FF] a abandonar el país después de 1933, encontraron en América su nueva patria.*

Im Deutschen wird dieses Wort in erster Linie für Auswanderer aus politischen oder religiösen Gründen verwendet.

Ende n.
1. *fin; final* (zeitl.)

Am Ende lösten sich alle Schwierigkeiten doch noch. Ende des Monats	*Al final, todas las dificultades se resolvieron. a finales de mes*

2. *extremo* (örtlich)

von einem Ende zum anderen	*de un extremo a otro*

enorm Adj. / Adv.
1. Als Adjektiv: *grande; fenomenal*

Die Hockeymannschaft bot in der letzten Saison[FF] eine enorme Leistung.	*El equipo de hockey tuvo un rendimiento fenomenal en la temporada pasada.*

2. Als Adverb: *enorme/enormemente* [kein FF]

Die Zahl der Arbeitslosen ist enorm gestiegen.	*El número de las personas sin empleo ha aumentado enormemente.*

Equipage f.
1. *carroza* (elegante Kutsche)
2. *guarnición* (Schiffsbesatzung)

emigrante m.
Auswanderer; Gastarbeiter

En toda Europa trabajan más de dos millones de emigrantes españoles.	*In ganz Europa arbeiten mehr als zwei Millionen spanische Gastarbeiter.*

ende (**por ~**) Adv.
daher; deshalb

Me mintió repetidas veces y, por ende, le dejé de hablar.	*Er hat mich wiederholt belogen, und deshalb spreche ich nicht mehr mit ihm.*

enorme Adj.
1. Je nach Kontext: *toll; super; gutaussehend; in Bestform*

estar enorme	*toll aussehen / in Bestform sein*
Esta mujer está enorme.	*Diese Frau sieht atemberaubend aus.*
Estoy enorme.	*Ich fühle mich super.*
Esta temporada, el madridista Rául está enorme.	*In dieser Saison ist der Fußballspieler Rául von Real*[FF] *Madrid in Bestform.*

2. *ungeheuerlich*

un crimen enorme	*ein ungeheuerliches Verbrechen*

3. *riesig; enorm* [kein FF]

equipaje m.
Gepäck

talón de equipaje	*Gepäck(aufbewahrungs)schein*

exerzieren V. intr. (Mil.)
hacer instrucción; ejercitar

Die Mannschaften exerzieren.

La tropa está haciendo la instrucción.

Exitus m.
1. *fallecimiento* (Med.)
2. *final* (Abschluss)

Exitus

éxito

ejercer V. tr.
tätig sein als; einen Beruf / Einfluss ausüben

ejercer de médico	*den Arztberuf ausüben*
En este caso quería ejercer toda su influencia.	*In diesem Fall[FF] wollte er seinen ganzen Einfluss ausüben.*

éxito m.
Erfolg

Esta película ha logrado un gran éxito de taquilla en numerosos países.	*Dieser Film war international ein Riesenerfolg.*

Die englische Sprache ist vielen Deutschen mittlerweile so vertraut, dass sich bei «éxito» ein falscher Freund mit dem englischen Wort "exit" (= Ausgang) ergeben könnte: Nur im figürlichen Sinne bedeutet «éxito» *Ausgang*, der wörtliche *Ausgang* heißt im Spanischen «salida».

Faktur f.
factura [kein FF]

| Die Buchhaltung konnte die Faktur nicht finden. | *La contabilidad no pudo encontrar la factura.* |

Fall m.
1. *caída; descenso; baja* (Sturz; Rückgang)

| der Fall der Börsenkurse | *la baja de las cotizaciones bursátiles* |

2. *caso* (Angelegenheit)

| In diesem Fall bin ich nicht deiner Meinung. | *En este caso no estoy de acuerdo contigo.* |

Falte f.
1. Absichtlich entstandene Falte (in Papier und Kleidung): *pliegue*
2. Unabsichtlich entstandene Falte (der Haut, bei Papier bzw. beim Sitzen entstandene Kleiderfalte): *arruga*

| Sie hat noch eine perfekte Haut, ganz ohne Falten. | *Tiene una piel perfecta, todavía sin la mínima arruga.* |

3. Falten von Erdschichten: *pliegue* (Gelog.)

Fama f.
rumor

| Es geht die Fama, sein Onkel habe ihm ein Riesenvermögen hinterlassen. | *Existen rumores de que su tío le dejó una gran fortuna.* |

factura f.

1. *Beschaffenheit; Qualität*

La ventana es de una factura excelente.   *Das Fenster ist von exzellenter Qualität.*

2. *Rechnung; Faktur* [kein FF]

fallo m.

1. *Fehler* (in der Bedeutung von «error», «falta[FF]»)

los fallos cometidos en esta traducción   *die in dieser Übersetzung begangenen Fehler*

2. (*gerichtliche*) *Entscheidung; Urteil* (jur.)

El juez dio a conocer el fallo.   *Der Richter gab das Urteil bekannt.*

falta f.

1. *Fehler; Irrtum*

Con eso ha cometido Vd. una gran falta.   *Damit haben Sie einen schweren Fehler begangen.*

2. *Mangel; Fehlen*

por falta de tiempo[FF]   *aus Zeitmangel*

3. *regelwidriges Verhalten; Foul* (Sport)

falda f.

1. *Rock*

En los años 60 se puso de moda la minifalda.   *In den 60er Jahren kam der Minirock in Mode.*

2. *Berghang; Fuß eines Berges*

fama f.

Ruhm; Bekanntheit; Berühmtheit

Goza de mucha fama como escritor.   *Er genießt großen Ruhm als Schriftsteller.*

famos Adj.
excelente; magnífico; estupendo

Das hast du ganz famos gemacht.	*Lo has hecho estupendamente.*
Das ist eine ganz famose Idee.	*Es una idea espléndida.*

Ferien Pl.
vacaciones

August ist in Spanien der klassische Ferienmonat.	*Agosto es el mes clásico de vacaciones en España.*

fidel Adj.
alegre; de buen humor

Nach überstandener Krankheit ist er wieder ganz munter und fidel.	*Tras superar la enfermedad se muestra de nuevo alegre y de buen humor.*
Er ist ein recht fideles Haus.	*Es un tipo muy alegre.*

Firma f.
empresa

Kein FF mit dem Wort *firma*, das allerdings seltener als *empresa* gebraucht wird.

firmen V. tr.
confirmar

jdm. die Fimung erteilen	*dar la confirmación a alguien*

famoso Adj.
berühmt; bekannt; namhaft

un escritor famoso	*ein berühmter Schriftsteller*

feria f.
1. *Messe; Ausstellung*

Cada año la feria del libro de Francfort atrae a muchos visitantes.	*Die Buchmesse in Frankfurt zieht jedes Jahr viele Besucher an.*

2. *Jahrmarkt; Volksfest*

fiel m. / Adj.
1. Als Substantiv bedeutet es: *Anhänger; Gläubiger*

los fieles y los infieles	*Gläubige und Ungläubige*

2. Als Adjektiv: *treu*

un fiel amigo	*ein treuer Freund*

3. Als Adjektiv: *gläubig*

4. Als Adjektiv: *wortgetreu*

Es copia fiel del original.	*Es handelt sich um eine wortgetreue Abschrift des Originals.*

firma f.
1. *Unterschrift*
2. *Firma* (selten) [kein FF]

firmar V. tr.
unterschreiben; unterzeichnen

firmar una carta[FF] / un contrato	*einen Brief / einen Vertrag unterschreiben*

flammend Adj.
1. *ardiente* (fig.)

Es erhob sich flammender Protest.	*Se levantó una ardiente protesta.*

2. *encendido*

Flaute f.
calma; estancamiento; desanimación

Nach der Flaute kam ein schlimmes Unwetter.	*Después de la calma se produjo un espantoso temporal.*
An der Börse herrscht zur Zeit Flaute.	*De momento reina calma en la Bolsa.*

Fleck m.
1. *mancha*

ein dunkler Fleck	*una mancha negra*

2. *sitio; lugar* (Ort; Stelle)

Er rührte sich nicht vom Fleck.	*No se movía de su sitio.*

Fluidum n.
efluvio; nimbo

Er besaß ein ganz besonderes Fluidum.	*Tenía un nimbo especial.*

formal Adj.
formal
Kein FF in der Richtung Deutsch – Spanisch.

formell Adj.
ceremonioso; formal
Kein FF in der Richtung Deutsch – Spanisch.

flamante Adj.
funkelnagelneu

un flamante coche	*ein funkelnagelneues Auto*[FF]

flauta f.
Flöte

tocar la flauta	*Flöte spielen*

fleco m.
1. *Franse*
2. *Stirnlocke*; *Ponyfrisur* («flequillo»)

No me gustan los pantalones con flecos. La chica llevaba un flequillo.	*Mir gefallen Hosen mit Fransen nicht.* *Das Mädchen trug eine Ponyfrisur.*

fluido Adj.
flüssig

estilo fluido	*flüssiger Stil*

formal Adj.
1. *anständig*

Este niño nunca se comporta de manera formal.	*Dieses Kind benimmt sich nie anständig.*

2. *formal; formell* [kein FF]

Fraktion f.
grupo parlamentario

die CDU/CSU-Fraktion im Deutschen Bundestag	*el grupo parlamentario de la CDU/CSU en la cámara baja del Parlamento alemán*

Fraktion

fracción

frisch Adj.
fresco [kein FF]

frisieren V. tr. / V. refl.
1. In der wörtlichen Bedeutung: *peinar(se); arreglar(se) el pelo*
2. *arreglar; amañar* (fig.)

eine Bilanz / einen Bericht frisieren	*arreglar /amañar un balance[FF] / un informe*

3. *trucar* (fig.)

den Motor frisieren	*trucar el motor*

Front f.
Kein FF in der Richtung Deutsch – Spanisch.
1. *fachada; portada; frente* (in der Architektur)
2. *frente* (Pol. und Mil.)

fracción f.
1. *Brechen; Bruchstück; Teil*

| Todo ocurrió en una fracción de segundo. | *Es geschah alles im Bruchteil einer Sekunde.* |

2. *Bruch* (Math.)

| fracción decimal | *Dezimalbruch* |

fresco Adj.
1. *frisch* [kein FF]
2. *frech; lebhaft*

| una niña muy fresca | *ein sehr freches Mädchen* |

frisar V. tr.
1. *aufrauhen* (z. B. von Stoff, Leder etc.)
2. *herankommen* (fig.)

| frisar en los 60 años | *knapp sechzig Jahre alt*[FF] *sein* |

frente f. / m.
1. Als weibliches Substantiv: *Stirn; Angesicht*

| frente a frente | *von Angesicht zu Angesicht* |

2. *Front*; *Fassade* (in der Architektur) [kein FF]
3. Als männliches Substantiv: *Front* (Pol. und Mil.) [kein FF]

Frottee n. / m.
rizo

ein Frotteehandtuch	*una toalla de rizo*

fulminant Adj.
extraordinario; excelente

Er hielt eine fulminante Rede. Dieser fulminante Erfolg ist das Ergebnis langjähriger Arbeit.	*Pronunció un discurso[FF] excelente. Este éxito[FF] extraordinario es el resultado de muchos años de trabajo.*

fundieren V. tr.
1. *fundar; fundamentar*

Ihm fehlten fundierte Argumente, um die Zuhörer zu überzeugen.	*Le faltaron argumentos fundados para convencer a los oyentes.*

2. *consolidar* (Wirt.)

fundierte Schuld	*deuda consolidada*

Fundus m.
1. *base* (Grundlage)
2. *vestuario* (Bestand an Kostümen eines Theaters)

Der Fundus an diesem Theater ist ziemlich bescheiden.	*En este teatro el vestuario es bastante reducido.*

frote m.
1. *Reiben; Frottieren*
2. *Abstrich* (Med.)

fulminante m. / Adj.
1. Als Substantiv: *Sprengsatz*
2. Als Adjektiv: *plötzlich eintretend*

una enfermedad fulminante	*eine plötzlich auftretende Krankheit*
despido fulminante	*fristlose Kündigung*
éxito[FF] fulminante	*ein Überraschungserfolg*

3. Als Adjektiv: *drohend*

una mirada fulminante	*ein drohender Blick*

4. Als Adjektiv: *niederschmetternd*

una noticia[FF] fulminante	*eine niederschmetternde Nachricht*

fundir V. tr.
schmelzen; verschmelzen; gießen (von Metallen / Erzen)

En primavera la nieve de las montañas empieza a fundirse.	*Im Frühling fängt in den Bergen der Schnee zu schmelzen an.*
queso fundido	*Schmelzkäse*

fondo m.
1. *Grund;, Tiefe; Boden*

el fondo del mar	*der Meeresboden*

2. In der Malerei: *Hintergrund*
3. *Fonds* (Wirt.) [kein FF]

Fondo de inversión mobiliaria	*Wertpapierfonds*
Fondo Monetario International	*Internationaler Währungsfonds*

Funktion f.
1. *función* (Zweck; Aufgabe) [kein FF]

eine Funktion erfüllen	*cumplir su función*

2. *actuación* (Tätigkeit; Handlung); *funcionamiento*

in Funktion treten	*entrar en funcionamiento*

furios Adj.
atronador; sensacional
Abgeleitet aus dem lateinischen Substantiv „Furiae" (= die Rachegöttinnen).

furioser Applaus	*aplauso atronador*
Er bot eine furiose Vorstellung.	*Tuvo una actuación sensacional.*

función f.

1. *Funktion; Aufgabe* [kein FF]
2. *Feier; Vorstellung* (am Theater)

La función empieza a las 9:00.	*Die Vorstellung beginnt um 9:00.*

3. *religiöse Zelebration*

función divina	*Gottesdienst*

furioso Adj.
wütend

Se ponía furiosa con sólo oir ese nombre.	*Sie wurde wütend, wenn sie nur diesen Namen hörte.*

gastieren V. intr.
actuar (como actor); interpretar

Er hatte schon an vielen kleineren Theatern gastiert, als endlich seine große Chance kam.	*La gran oportunidad le llegó después de haber actuado en muchos teatros pequeños.*

Generalität f. (Mil.)
generalato; cuerpo de generales

Die Generalität beschloss, eine andere Strategie zu verfolgen.	*El generalato se decidió por emprender otra estrategia.*

Geste f.
gesto [kein FF]

Aufgrund seiner obszönen Geste wurde er des Platzes verwiesen.	*Se le expulsó del terreno de juego por haber hecho un gesto obsceno.*

Der FF ergibt sich nur mit dem Wort *gesta*.

Gouvernante f.
institutriz

Granate f.
granada

Die Einschläge der Granaten waren weithin hörbar.	*Los impactos de las granadas se escuchaban a lo lejos.*

Der FF ergibt sich nur mit dem Wort *granate*.

gastar V. tr.
ausgeben; verbrauchen; verschwenden

gastar mucho dinero	*viel Geld ausgeben*
¿Cuánto[FF] (te) gasta el coche?	*Wie viel Benzin braucht dein Wagen?*

generalidad f.
1. *Allgemeinheit; Allgemeingültigkeit*

la generalidad de un principio	*die Allgemeingültigkeit eines Prinzips*

2. *Autonome Regierung in Katalonien und Valencia* (Generalidad)
Spanien ist in 17 sogenannten «Comunidades Autónomas» aufgeteilt.
Sie sind mit den deutschen Bundesländern vergleichbar, obwohl Spanien
formell kein Bundesstaat ist.

gesta f.
Heldentat

En la Odisea de Homero se cuentan las gestas de Ulises.	*In Homers Odyssee werden die Heldentaten von Odysseus erzählt.*

gobernante m.
Herrscher; Regierender

los gobernantes de este país	*die Regierenden dieses Landes*

granate m. / Adj.
1. Als Substantiv: *Granat (farbe, -stein)*
2. Als Adjektiv: *granatfarben*

Griff m.
1. *mango* (beim Topf)
2. *asa* (beim Koffer)

Er konnte den Koffer nicht tragen, da der Griff kaputt gegangen war.	*Como se había roto el asa, no podía llevar la maleta.*

3. *tirador (de la puerta)* (bei der Tür)

Die Haushälterin hatte den Lappen auf dem Türgriff vergessen.	*El ama de llaves había olvidado el trapo sobre el tirador.*

Gymnasiast m.
alumno de enseñanza media

Gymnasium n.
instituto de enseñanza media; colegio[FF]; liceo (Am.)

ein Gymnasium besuchen	*cursar[FF] estudios en un liceo*

grifo m.
Wasserhahn

El grifo sigue goteando.	*Der Wasserhahn tropft schon wieder.*

Griff

grifo

gimnasta m. / f.
Turner/in; Athlet/in
Kein FF in Verbindung mit dem Wort *Gymnastiker/in*.

gimnasio m.
Turnplatz; Turnhalle

Todos los niños están ya en el gimnasio.	*Die Kinder sind alle schon in der Turnhalle.*

Habitus m.
aspecto exterior; actitud

Sein ganzer Habitus ließ darauf schließen, dass er keine großen Hoffnungen hegte.	*De su actitud se infería que no tenía ya grandes esperanzas.*

Dieser Terminus stammt ursprünglich aus der medizinischen Fachsprache, wo er für „Aussehen", „Verhalten", „Erscheinung" eines Menschen verwendet wurde.

hart Adj.
duro; firme; sólido

Das war ein harter Schlag für ihn. Dieses Brot ist mir zu hart, ich kann es nicht essen.	*Fue un golpe duro para él. Este pan es demasiado duro, no lo puedo comer.*

Hektik f.
ajetreo; inquietud

Die Hektik hier macht mich ganz nervös.	*Este ajetreo me pone muy nervioso.*

hektisch Adj.
nervioso; inquieto; agitado

Sei nicht so hektisch!	*¡No te pongas tan nervioso!*

Aus der medizinischen Fachsprache übernommenes Wort. Es bedeutete ursprünglich „fieberhaft", „aufgeregt" und wurde vor allem in Verbindung mit Tuberkulosekranken verwendet.

hábito m.
1. *Gewohnheit*

| los hábitos y usos comerciales | *Verhalten im Geschäftsleben* |

2. *Ordenskleid* (Rel.)

hábito de penitente	*Bußgewand*
tomar el hábito	*ins Kloster gehen*
El hábito hace al monje.	*Kleider machen Leute.*

harto Adj.
satt; überdrüssig (fig.)

| estar harto de tanto politiqueo | *Politikverdrossenheit zeigen* |

hectiquez f. (Med.)
Schwindsucht; Fieber

| Desde la infancia había padecido hectiquez. | *Seit seiner Kindheit hatte er an Schwindsucht gelitten.* |

hé(c)tico Adj. (Med.)
schwindsüchtig; fiebrig

| El paciente héctico fue llevado al hospital. | *Der schwindsüchtige Patient wurde ins Krankenhaus gebracht.* |

honorieren V. tr.

1. *pagar; remunerar* (zahlen)

Seine Leistungen wurden nicht honoriert.	*No se le remuneraron los servicios que había prestado.*

2. *reconocer* (anerkennen)

Keiner honorierte seinen Einsatz für die Waisenkinder.	*Nadie reconocía su dedicación a los huérfanos.*

horrend Adj.
exorbitante; muy elevado

Sie verlangen ja horrende Preise!	*¡Es que piden Vds. precios exorbitantes!*

hurtig Adj.
ágil; rápido

honrar V. tr.
ehren; verehren

Honrarás al padre y a la madre.	*Du sollst Vater und Mutter ehren.*

honorieren

honrar

horrososo Adj.
schrecklich; entsetzlich; fürchterlich

La policía no pudo esclarecer este horroroso crimen.	*Die Polizei konnte dieses schreckliche Verbrechen nicht aufklären.*

hurto m.
Diebstahl

hurto grave / cualificado	*schwerer Diebstahl*

ignorieren V. tr.
fingir no conocer algo / a alguien; pasar^{FF} algo / a alguien por alto^{FF}

Diese Bemerkung ignorierte sie völlig.	*Pasó completamente por alto^{FF} esta observación.*
Seine Anwesenheit wurde von allen ignoriert.	*Todos fingían no conocerle.*

Im Deutschen wird „ignorieren" in der Bedeutung von „nicht kennen wollen" gebraucht, im Spanischen dagegen im Sinne von „nicht kennen".

Jllusion f.
ilusión (Täuschung) [kein FF]

Mach dir keine Illusionen!	*¡No te hagas ilusiones!*

imponieren V. intr.
impresionar

Sein Wissen imponiert mir sehr.	*Sus conocimientos me impresionan mucho.*

imponierend Adj.
imponente; fantástico

Der Dirigent^{FF} überzeugte mit einer imponierenden Leistung.	*El director^{FF} convenció con una actuación imponente.*

Import m.
importación

Im letzten Jahr sind die Importe um 5 Prozent zurückgegangen.	*El año pasado^{FF} las importaciones bajaron en un 5 por ciento.*

ignorar V. tr.
nicht wissen; nicht kennen

Ignoraba las intrigas que se
maquinaban contra él.

*Er wusste nichts von den Intrigen
gegen ihn.*

ilusión f.
1. *Freude; Vorfreude*

Este viaje me hace mucha ilusión.

Ich freue mich sehr auf diese Reise.

2. *Illusion; (Sinnes)Täuschung* [kein FF]

imponer V. tr.
auferlegen; vorschreiben

No permito que me impongas tu
opinión.
A estos productos se les impone
tributos muy altos^FF.

*Ich lasse mir von dir nicht meine
Meinung vorschreiben.
Diese Produkte werden mit sehr
hohen Steuern belegt.*

imponible Adj.
belastbar; besteuerbar

Cada año se fija la nueva base
imponible.

*Das besteuerbare Einkommen wird
jedes Jahr neu festgelegt.*

importe m.
Betrag

El importe de la factura^FF asciende
a 2.000 marcos alemanes.

*Der Rechnungsbetrag beläuft sich
auf 2000 DM.*

Impressum n.
pie de imprenta

Im Impressum werden alle Mitarbeiter dieser Zeitung aufgeführt.	*En el pie de imprenta se menciona el nombre de todos los colaboradores[FF] del periodico.*

indiskutabel Adj.
inaceptable

Das ist ein völlig indiskutabler Vorschlag.	*Es una propuesta absolutamente inaceptable.*

Vgl. auch Eintrag zu „diskutabel".

Infusion f.
infusión (nur Med.) [kein FF]

Infusion | infusión

investieren V. tr.
invertir

Im Bereich der Forschung und Entwicklung hätte man viel mehr investieren müssen.	*En el sector investigación y desarrollo se tendría que haber invertido mucho más.*

irritieren V. tr.
1. *molestar; irritar* [kein FF]
2. *confundir; desconcertar*

Er lässt sich nicht so leicht irritieren.	*No es tan fácil confundirle.*
In der Dunkelheit kam ich vom Weg ab und war total irritiert.	*La oscuridad hizo que me apartara del camino, lo que me desconcertó completamente.*

impreso m.
Druck; Druckerzeugnis; Formular

Sírvase rellenar este impreso.	*Bitte füllen Sie dieses Formular aus.*

indiscutible Adj.
unbestritten; unbestreitbar; unumstritten; zweifelsfrei

una verdad indiscutible	*eine unbestrittene Wahrheit*
Es indiscutible que ...	*Es ist unbestritten, dass ...*

infusión f.
1. *Aufguss; (Kräuter)Tee*
   Einer der lustigsten „Falschen Freunde", auf die man stoßen kann:
   Es kann passieren, dass man auf Speisekarten in Spanien zum Frühstück in
   der deutschen Übersetzung „Infusionen" angeboten bekommt.

Los clientes pueden elegir para el desayuno entre café o infusiones.	*Zum Frühstück können die Gäste zwischen Kaffee oder Tee wählen.*

2. *Infusion* (Med.) [kein FF]

investir V. tr.
belehnen; verleihen

En un acto^{FF} oficial, Luis Monge fue investido como presidente de Costa Rica.	*In einem offiziellen Akt^{FF} wurde Luis Monge zum Präsidenten von Costa Rica ernannt.*
investir doctor honoris causa	*die Ehrendoktorwürde verleihen*

irritar V. tr.
ärgern; erregen; reizen [kein FF]

Cuando se lo dije se irritó muchísimo.	*Als ich es ihr sagte, hat sie sich sehr geärgert.*
Esta pomada puede irritar la piel.	*Diese Salbe kann zu Hautreizungen führen.*

Journal n.
diario; periódico

Das Abendjournal brachte die Sensationsmeldung auf der ersten Seite.	*El diario de la tarde traía en primera página la noticia[FF] sensacionalista.*

Jubilar m.
festejado

Zu Ehren des Jubilars wurde eine große Feier veranstaltet.	*En honor del festejado se organizó una gran fiesta.*

Jubilar

jubilar

Jura n.
derecho

Seine Tochter wollte unbedingt Jura studieren.	*Su hija se empeñó en estudiar Derecho.*

Jura m.

Das Schweizer Jura-Gebirge	*la montaña del Jura en Suiza*

jornal m.
Tagelohn; Tagewerk

Los campesinos percibían cada tarde su jornal.	Die Landarbeiter bekamen jeden Abend ihren Tagelohn ausbezahlt.

jubilar V. tr. / V. intr. / V. refl.
1. Als transitives Verb: *in den Ruhestand versetzen*
2. Als reflexives Verb: *in den Ruhestand gehen; in Rente gehen; sich pensionieren lassen*

¿Cuándo te vas a jubilar?	*Wann wirst du in den Ruhestand gehen?*

3. Als intransitives Verb: *etw. loswerden* (stark ugs.)

No vale la pena arreglarlo, mejor te jubilas de tu computador.	*Es lohnt sich nicht den Computer zu reparieren, am besten wirst du ihn los.*

jura f.
Eid; Fluch

A la edad de 18 años prestó su jura de bandera.	*Im Alter von 18 Jahren legte er den Fahneneid ab.*

Kabarett n.
teatro satírico

Kamelle f. (meist Pl.)
objeto archisabido / archiconocido

Dafür wirst du keine Käufer mehr finden, deine Produkte sind doch alte**FF** Kamellen.	No vas a encontrar comprador alguno, pues los productos que ofreces son archiconocidos.

Kamille f.
manzanilla

Bringen Sie mir bitte einen Kamillentee.	Una manzanilla, por favor.

Kanne f.
jarra; jarro; bidón

eine Kanne Wasser	una jarra de agua

Kapitulation f.
capitulación [kein FF]

Der erste Weltkrieg endete mit der Kapitulation Deutschlands und Österreichs.	La primera guerra mundial terminó con la capitulación de Alemania y Austria.

Kappe f.
gorra; gorro

Beim Tennisspielen trägt mein Bruder immer eine Kappe.	Cuando juega al tenis mi hermano siempre lleva un gorro.

cabaret m.
Nachtclub

camello m.
1. *Kamel*
2. *Drogendealer* (im Jugendjargon)

camilla f.
Krankentrage

> Llevaron al herido en una camilla al coche.

> *Mit einer Krankentrage brachten sie den Verletzen in den Wagen.*

cana f.
weißes / graues Haar

> A pesar de ser tan joven ya le han salido muchas canas.

> *Obwohl er noch so jung ist, hat er doch schon viele graue Haare.*

capitulación f.
1. *Vertrag; Vereinbarung*

> Los cónyuges acordaron las siguientes capitulaciones matrimoniales.

> *Die Eheleute vereinbarten den folgenden Ehevertrag.*

2. *Kapitulation* (Mil.) [kein FF]

> Los máximos jefes militares firmaron[FF] el Pacto de capitulación.

> *Die Obersten Militärs unterzeichneten den Kapitulationsvertrag.*

capa f.
1. *ärmelloser Umhang*
2. *Capa* (farbiges Tuch, das vom Stierkämpfer zum Reizen des Stiers verwendet wird) [kein FF]
3. *Schicht* (Soz.)

> las capas medias y altas[FF]

> *die Mittel- und Oberschicht*

Karriere f.
carrera [kein FF]

Herr Sanz denkt nur an seine Karriere.	*El señor Sanz piensa sólo en su carrera.*

Karriere

carrera

Karrierist m.
arribista; trepador

Herr Krüger ist das typische Beispiel für einen skrupellosen Karristen.	*El señor Krüger es el ejemplo típico de un arribista sin escrúpulos.*

Karte f.
1. *tarjeta*

Postkarte	*(tarjeta) postal*
Kreditkarte	*tarjeta de crédito*
Wir akzeptieren Kreditkarten.	*Se aceptan tarjetas de crédito.*

2. *carta* (Spiel; Speisekarte)
3. *mapa*[FF] (Land-, Seekarte)

Auf der Landkarte waren nur größere Städte aufgezeichnet.	*En el mapa[FF] estaban apuntadas sólo las ciudades más grandes.*

4. *entrada* (Eintrittskarte)

Es gab für das Konzert keine Eintrittskarten mehr.	*Ya no había entradas para el concierto.*

carrera f.
1. *Karriere*
Der Begriff wird neutraler als im Deutschen gebraucht und bezeichnet allgemein die „Berufslaufbahn".
2. *Studiengang*

Eligió la carrera de médicina.	*Er hat den Studiengang Medizin gewählt.*

3. *Lauf; Wettlauf*

En la carrera participaron doscientos corredores.	*Am Wettlauf nahmen zweihundert Läufer teil.*

4. *Rennstrecke*
5. *Straße* (Am.)

carrerista m.
1. *Rennfahrer; Rennsportler*
2. *Wettbegeisterter* (bei Rennen)

Alfonso es un afortunado carrerista.	*Alfonso hat Glück bei seinen (Pferde-)Wetten.*

carta f.
1. *Brief*

La carta certificada todavía no ha llegado.	*Der Einschreibebrief ist immer noch nicht angekommen.*

2. *(Spiel-; Speise-)Karte* [kein FF]

comer a la carta	*nach der Speisekarte essen*

Karte   carta

Kasse f.
1. *caja*

Geld in die Kasse legen	*poner el dinero en la caja*
Die Sparkasse wollte ihm keinen Kredit geben.	*La Caja de Ahorros no quería darle el crédito.*

2. *taquilla* (Theater-, Kinokasse)
3. *al contado* (Wirt.)

Kasse gegen Dokumente	*al contado contra documentos*

Kavalier m.
caballero [kein FF]

Kavalier | *«Caballeros»*

Kiste f.
caja

In der Kiste befanden sich nur alte**FF** Kleidungsstücke.	*En la caja no había más que ropa**FF** vieja.*

Kloster n.
1. *convento* (für Frauen)
2. *monasterio* (für Männer)

ins Kloster gehen	*tomar el velo* (bei Frauen); *tomar el hábito***FF** (bei Männern)

Koffer m.
maleta; valija (Gepäck)

casa f.
1. *Haus; Wohnung*

¿Vamos a casa?	*Gehen wir nach Hause?*

2. *Firma*

Su casa nos ha sido recomendada por el Sr. Gómez.	*Ihre Firma wurde uns von Herrn Gómez empfohlen.*

3. *Familie; Dynastie*

la Casa de Austria	*die Habsburger*

caballero m.
1. *Reiter; Ritter; Kavalier* [kein FF]

Caballero de la Triste Figura (= Don Quijote)	*Ritter von der Traurigen Gestalt*

2. *Herr*

moda de caballeros «Caballeros»	*Herrenmode* *Aufschrift auf der Toilettentüren: Herren*

quiste f.
Zyste (Med.)

claustro m.
1. *Kreuzgang*
2. *Klosterleben*
3. *Lehrkörper; Kollegium[FF]*

Nuestro claustro cuenta con 45 profesores[FF].	*Unser Kollegium[FF] umfasst 45 Lehrer.*

cofre m.
Kästchen; Schatulle; Truhe

Kollaborateur m.
colaboracionista

Während des Krieges machten die Kollaborateure mit den Feinden gemeinsame Sache.	*Durante la guerra los colaboracionistas hicieron causa común con el enemigo.*

Kollaboration f.
colaboracionismo

Zur Buchmesse erschienen zahlreiche Bücher über das Thema der französischen Kollaboration im Zweiten Weltkrieg.	*En la feria del libro salieron muchos libros sobre el tema del colaboracionismo francés durante de la segunda guerra mundial.*

kollegial Adj.
entre colegas; entre compañeros; solidario

kollegiales Verhalten	*solidaridad profesional*

Kollegium n.
claustro[FF] de profesores[FF]

Das Kollegium traf sich zu einer Sitzung.	*El claustro de los profesores se encontró para una sesión.*

Kommission f.
comisión [kein FF]

Die Menschenrechtskommission der UNO tagte in Genf.	*La comisión de derechos humanos de la ONU se reunió en Ginebra.*

colaborador m.
freier Mitarbeiter (in den Medien); *Mitarbeiter; Partner*

Este proyecto sólo ha podido hacerse realidad gracias a la incansable dedicación de todos nuestros empleados y colaboradores.	*Dieses Projekt konnte nur dank des unermüdlichen Einsatzes aller unserer Mitarbeiter realisiert werden.*

colaboración f.
Mitarbeit

Permítame que, en nombre de mi departamento, le agradezca su valiosa colaboración.	*Ich möchte mich im Namen meiner Abteilung für Ihre wertvolle Mitarbeit bedanken.*

colegial m. / Adj.
1. Als Substantiv: *Schüler.*
2. Als Adjektiv: *zu einem Kollegium[FF] gehörend*

colegio m.
1. *Schule*
Das Wort „colegio" wird für verschiedene Arten von Schulen verwendet:

colegio de párvulos	*Kinderhort*
colegio de enseñanza primaria	*Volksschule*
colegio de enseñanza media	*Gymnasium[FF]*

2. *berufsständischer Verband*

colegio de abogados	*Anwaltskammer*
colegio de médicos	*Ärztekammer*

comisión f.
1. Kein FF in der Bedeutung: *Ausschuss; Abteilung; Kommission*

comisión económica	*Wirtschaftsausschuss*

2. *Provision[FF]; Vermittlungsgebühr*
3. *Verübung; Begehen* (eines Verbrechens)

Kompass m.
brújula

Die Kompassnadel zeigt immer nach Norden.	*La aguja de la brújula apunta siempre al Norte.*

Kompass

compás

Kompetenz f.
competencia
In der Richtung Deutsch – Spanisch kein FF.

Der Direktor schätzt ihn wegen seiner großen Kompetenz.	*El director lo aprecia por su gran competencia.*

Kompliment n.
1. *piropo; cumplido; cortesía*

Sie erhielt viele Komplimente.	*Le echaban muchos piropos.*
Mach doch keine Komplimente!	*¡No me vengas con tantos cumplidos!*

2. *enhorabuena* (als Glückwunsch)

Mein Kompliment für Ihre Leistung!	*¡Enhorabuena por su trabajo!*

compás m.
1. *Zirkel*

trazar un círculo[FF] con el compás	*mit dem Zirkel einen Kreis zeichnen*

2. *Takt; Rhythmus*

A ese ritmo, perdió el compás.	*Bei diesem Tempo[FF] war er aus dem Takt gekommen.*

competencia f.
1. *Konkurrenz[FF]*

Nos vemos sometidos a una fuerte competencia.	*Wir sind einer starken Konkurrenz ausgesetzt.*

2. *Kompetenz* [kein FF]

complemento m.
Ergänzung (Gram.)

complemento directo / indirecto	*direktes / indirektes Objekt*

cumplimiento m.
1. *Erfüllung; Ausführung*

El lugar de cumplimiento de este contrato es Barcelona.	*Erfüllungsort dieses Vertrages ist Barcelona.*
en cumplimiento de sus deberes	*in Erfüllung seiner Pflichten*

2. *Höflichkeit*

No le contradice sólo por cumplimiento.	*Er widerspricht ihr nur aus Höflichkeit nicht.*

Kompromiss m.
arreglo; compromiso [kein FF]

Er möchte keine Kompromisse eingehen.	*No quiere hacer compromisos.*

kondolieren V. intr.
dar / expresar el pésame

Die Mitarbeiter der Firma[FF] kondolierten ihrem Chef zum plötzlichen Tod seiner Ehefrau.	*La plantilla de la empresa le expresó el pésame al jefe por el repentino fallecimiento de su esposa.*

konferieren V. intr.
deliberar (con alguien); conferenciar

Die Landwirtschaftsminister der EU konferierten die ganze Nacht hindurch.	*Los titulares de Agricultura de la UE estuvieron deliberando durante toda la noche.*

Konfession f.
religión; confesión (selten) [kein FF]

Welcher Konfession gehören Sie an?	*¿De qué religión es usted?*

Konkurrent m.
competidor

Unser schärfster Konkurrent ist eine japanische Firma[FF].	*Nuestro competidor más duro es una empresa japonesa.*

compromiso m.
1. *Verpflichtung; Verabredung*

No puedo venir. El jueves tengo un compromiso.	*Ich kann nicht kommen: Ich habe am Donnerstag eine Verabredung.*

2. *Verlegenheit*

¡No me pongas en compromiso!	*Bringe mich nicht in Verlegenheit!*

3. *Verlobung*
4. *Engagement*

compromiso político	*politisches Engagement*

5. *Kompromiss* [kein FF]

condolerse V. refl.
Mitleid haben; bemitleiden

Me conduelo con usted.	*Ich habe Mitleid mit Ihnen.*

conferir V. tr. / V. intr.
1. Als transitives Verb: *verleihen; gewähren*

conferir una orden	*einen Orden verleihen*

2. Als intransitives Verb: *konferieren* (selten) [kein FF]

confesión f.
1. *Geständnis; Beichte*

Le confió su secreto[FF] bajo el sello del secreto de confesión.	*Er vertraute ihm sein Geheimnis unter dem Siegel des Beichtgeheimnisses an.*

2. *Konfession* [kein FF]

concurrente m. / Adj.
1. Als Substantiv: *Besucher; Teilnehmer*
2. Als Adjektiv: *mitwirkend*

Konkurrenz f.
competencia[FF]

Die internationale Konkurrenz wird immer härter.	*La competencia internacional se está endureciendo cada vez más.*

konkurrieren V. intr.
competir

Mit diesen Preisen können wir nicht konkurrieren.	*No podemos competir con esos precios.*

Konkurs m.
quiebra; bancarrota

Konkurs erklären	*declarar la quiebra*

Konkurs

concurso

concurrencia f.
1. *Zulauf; Gedränge; Andrang*

Hubo mucha concurrencia al acto[FF].

Bei der Veranstaltung gab es großen Andrang.

2. *Zusammentreffen, -wirken*

No ocurrió ningún accidente grave debido a la concurrencia de varios afortunados acontecimientos.

Es ist nur dem Zusammentreffen mehrerer glücklicher Umstände zu verdanken, dass kein schwerer Unfall passierte.

concurrir V. intr.
1. *zusammenkommen, -strömen*

En la Plaza Mayor de Madrid concurren muchas personas.

Auf der Plaza Mayor in Madrid strömen viele Menschen zusammen.

2. *beitragen (zu)*

Los mecenas concurrieron con grandes aportaciones pecuniarias.

Die Sponsoren trugen erhebliche Geldsummen bei.

3. *übereinstimmen*

concurso m.
1. *Wettbewerb; Preisausschreiben*

En nuestro concurso usted ha ganado el premio de un viaje de quince días.

Sie haben in unserem Preis-ausschreiben eine fünfzehntägige Reise gewonnen.

2. *Zusammenströmen, -treffen*

concurso de circunstancias adversas

Zusammentreffen unglücklicher Umstände

3. *Bewerbung; Ausschreibung*

Por fin ha salido la plaza a concurso.

Endlich ist die Stelle ausgeschrieben worden.

konservativ Adj.
conservador

eine konservative Politik betreiben	*hacer una política conservadora*

Konsorte m. (meist Pl.)
cómplice

Dich und deine Konsorten will ich hier nicht mehr sehen!	*¡No quiero volver a ver por aquí ni a ti ni a tus cómplices!*

Kontrahent m.
adversario; enemigo

Trotz ihrer früheren Freundschaft sind die beiden jetzt zu erbitterten Kontrahenten geworden.	*Aunque antes mantuvieron una gran amistad, ahora se han convertido en adversarios acérrimos.*

Koppel f. / n.
1. Als weibliches Substantiv: *tronco; reata; cercado; parcela de pastos* (im Sinne von „Weide")

Die Pferde sind nachts auf der Koppel.	*Por la noche, los caballos están en la reata.*

3. Als sachliches Substantiv: *cinturón* (Gürtel)

Zur Uniform trug er ein breites, grünes Koppel.	*Con el uniforme llevaba un amplio cinturón verde.*

conservativo Adj.
erhaltend (selten)

conservante m.
Konservierungsstoff

sin conservantes	*ohne Zusatz von Konservierungsstoffen*

consorte m.
(Leidens)Genosse; Ehepartner

príncipe consorte	*Prinzgemahl*

contrayente m. / Adj.
1. Als Substantiv: *Vertrags-, Eheschließender*

los contrayentes	*die Ehepartner*

2. Als Adjektiv: *vertragsschließend* (nur im Eherecht)

las partes contrayentes	*die Eheleute*

Ansonsten gebraucht man «las partes contratantes», *die vertragsschließenden Parteien.*

copla f.
1. *Strophe* (eines volkstümlichen Gedichts)
2. *Leier* (fig.)

Viene siempre con la misma copla.	*Er kommt mir immer mit der alten Leier.*

Korrespondent m.

1. *corresponsal*

Wir schalten nun um zu unserem Korrespondenten in Washington.	*Conectamos con nuestro corresponsal en Washington.*

2. Fremdsprachenkorrespondentin: *secretaria con idiomas*

Kriminaler m. (Abkürzung von „Kriminalbeamter")
criminalista; agente de investigación criminal

Kriminaler   *criminal*

Kur f.

1. Kein FF in der Bedeutung *tratamiento médico; cura* (Heilbehandlung)
2. *régimen; dieta* (Abmagerungskur)

kursieren V. intr.
circular; correr (fig.)

Es kursieren immer wieder Gerüchte über seine bevorstehende Scheidung.	*Corren nuevamente rumores de que se va a divorciar muy pronto.*

Kutte f.
hábito [FF] (Mönchskutte)

correspondiente Adj.
entsprechend; jeweilig; zugehörig

obtener el permiso correspondiente   *die entsprechende Genehmigung*
                                     bekommen

criminal m. /Adj.
1. Als Substantiv: *Verbrecher; Krimineller*
2. Als Adjektiv: *verbrecherisch; kriminell*
   Bei der Übersetzung von zusammengesetzten Substantiven aus dem
   Deutschen ins Spanische ist Vorsicht geboten: „Strafkammer" wird «Sala
   de lo criminal» übersetzt und nicht «Sala criminal», denn das wäre die
   „kriminelle Kammer". Ebenso: BKA, Bundeskriminalamt, heißt «Brigada
   de Investigación Criminal», falsch wäre «brigada criminal». Andere
   Beispiele:

agencia de investigación criminal   *Kriminalpolizei*
derecho de lo criminal   *Kriminalrecht*

cura f. / m.
1. Kein FF in der Bedeutung *Kur; medizinische Behandlung*
2. Als männliches Substantiv: *Geistlicher; Pfarrer*

cursar V. tr.
eine Schule besuchen; eine Ausbildung machen

cursar estudios de enseñanza media   *das Gymnasium besuchen*
cursar estudios de Derecho   *Jura studieren*

cota f.
1. *Höhe(-nangabe)*
2. *Panzerhemd*

Labor n.
laboratorio

| Die in den Labors gemachten Tests weisen ein übereinstimmendes Ergebnis auf. | *Los tests hechos en los laboratorios dan el mismo resultado.* |

Labor

labor

laborieren V. intr.
sufrir una enfermedad; padecer de una enfermedad

| Der Fußballspieler laborierte lange Zeit an seiner Knieverletzung. | *El futbolista padeció mucho tiempo*[FF] *de su lesión en la rodilla.* |

Latte f.
tabla delgada; viga

| Die Handwerker lagerten die Latten im Hinterhof. | *Los obreros pusieron las vigas en el patio trasero.* |

„Dachlatte" heißt im Spanischen *lata*. [kein FF]

Lazarett n.
hospital militar

| Die Verwundeten wurden ins Lazarett gebracht. | *Los lesionados fueron trasladados al hospital militar.* |

labor f.
1. *Arbeit; Werk*
Wenn in Urkunden bei der Berufsbezeichnung «sus labores» steht, ist damit die Hausfrauentätigkeit gemeint.

Limpiar la nueva casa fue una labor de tres días.	*Es kostete drei Tage Arbeit, das neue Haus zu putzen.*

2. *Handarbeit*

hacer labores manuales	*Handarbeit verrichten*

laborar V. tr. (häufiger: labrar)
1. *(ein Material) bearbeiten*

labrar el metal	*das Metall bearbeiten / formen*

2. *pflügen*

labrar la tierra	*das Land pflügen / bestellen*

lata f.
1. *Blechbüchse; Dose*

¡Dame una lata de sardinas!	*Gib mir eine Dose Sardinen!*

2. In den Redewendungen:

¡No me des la lata! (ugs.) ¡Que lata! (ugs.)	*Fall mir nicht auf die Nerven! Mensch, ist das lästig!*

3. *Dachlatte* [kein FF]

lazareto m.
Quarantänestation

leger Adj.
desenfadado; informal

| Sie trägt gerne legere Kleidung. | *Le gusta vestirse de manera informal.* |

Leutnant m.
teniente (nur als militärischer Rang)

| zum Leutnant befördern | *ascender a teniente* |

Limonade f.
refresco

Limone f.
lima (kleine, grüne Frucht)

Lineal n.
regla

| mit dem Lineal einen Strich ziehen | *trazar una línea con la regla* |

listig Adj.
astuto; sagaz

| listig vorgehen | *actuar sagazmente* |

Während „listig" im Deutschen eine negative Konnotation hat und als Synonym zu „raffiniert", „täuschend" verwendet wird, ist der spanische Begriff *listo* neutral.

ligero   Adj.
1. *leicht* (an Gewicht)

ropa[FF] ligera   *leichte Kleidung*

2. *oberflächlich; leicht*

tomar algo a la ligera   *etwas leicht nehmen*

3. *schnell; sportlich* (ugs.)

¡Ven, ligero!   *Komm schnell!*

lugarteniente   m.
Stellvertreter (auch im nicht-militärischen Bereich)

El dirigente[FF] de la empresa tenía dos lugartenientes.   *Der Firmenleiter hatte zwei Stellvertreter.*

limonada   f.
Zitronenwasser

limón   m.
Zitrone

lineal   Adj.
linienförmig; geradlinig

ecuación lineal   *lineare Gleichung* (Math.)

Kein FF mit dem deutschen Adjektiv „linear".

listo   Adj.
1. *klug; geschickt*

Es un niño muy listo.   *Das ist ein kluges Kind.*
Los críticos se creen muy listos.   *Die Kritiker halten sich für sehr klug.*

Der in der Umgangssprache verwendete Diminutiv *listillo* hat eine negative Konnotation, wie etwa im Deutschen „besserwisserisch".

2. *fertig*

Les suministramos las máquinas listas para su empleo.   *Wir liefern Ihnen die Maschinen gebrauchsfertig.*

Los n.
1. *billete de lotería; premio de lotería*

Er hat das große Los gezogen.	*Le ha tocado el (premio) gordo.*

2. *suerte; destino*

Sein Los war nicht einfach.	*No ha tenido mucha suerte en esta vida.*

Lüster m.
araña

ein antiker**FF** Lüster	*una araña antigua**FF***

luxuriös Adj.
lujoso

ein luxuriös eingerichtetes Hotel	*un hotel equipado lujosamente*

losa f.
Fliese; Steinplatte

Resbaló sobre la losa.	*Er ist auf der Steinplatte ausgerutscht.*

lustro m.
Zeitraum von 5 Jahren

lujurioso Adj.
wollüstig; zügellos

Su vida lujuriosa le ha costado toda su fortuna.	*Sein ausschweifendes Leben kostete ihn sein ganzes Vermögen.*

luxuriös

lujurioso

Manege f.
(pista del) circo

Auf der Manege befanden sich vier Pferde.	*En la pista del circo había cuatro caballos.*

Manko n.
defecto^{FF}; fallo^{FF}

Es ist ein großes Manko, dass er keine Fremdsprachen spricht.	*Es un gran defecto^{FF} que no hable idiomas extranjeros.*

Mantel m.
abrigo

Dieses Jahr waren die Wintermäntel im Schlussverkauf besonders günstig.	*En las rebajas de este año los abrigos de invierno estaban especialmente baratos.*

Mappe f.
carpeta (Schreibmappe); *cartera* (Akten^{FF}mappe)

Ich habe meine Mappe zu Hause vergessen.	*Se me ha olvidado mi cartera en casa^{FF}.*

Markise f.
toldo; marquesina

Es ist sehr angenehm, im Schatten der Markise zu sitzen.	*Se está bien sentado a la sombra del toldo.*

manejo m.
Handhabung; Bedienung

instrucciones de manejo	*Bedienungsanweisungen*

manco m. / Adj.
1. Als Substantiv:*der Einarmige*

A Cervantes se le llamó «El Manco de Lepanto», porqué perdió una mano en la batalla de 1571.	*Cervantes nannte man den „Einarmigen von Lepanto", weil er in der Schlacht von 1571 eine Hand verlor.*

2. Als Adjektiv: *einarmig; einhändig*

mantel m.
Tischdecke; Tischtuch

Edilma me regaló un mantel maravilloso.	*Edilma schenkte mir eine wunderschöne Tischdecke.*

mapa m.
Land-, Straßenkarte; Stadtplan

un mapa de Múnich	*ein Stadtplan von München*

Mappe

mapa

marquesa f.
Marquise; Markgräfin; Herzogin

Había entre sus antepasados numerosos nobles, entre ellos también una marquesa.	*In seiner Ahnenreihe befanden sich mehrere Adlige, darunter auch eine Herzogin.*

maschinell Adj.
a máquina

maschinell gefertigte Teile	*piezas hechas a máquina*

maskieren (**sich**) V. tr. / V. refl.
disfrazar(se)

Zum Karnevalsumzug traf sich eine Schar maskierter Menschen.	*Un grupo de personas disfrazadas tomó parte en el desfile de carnaval.*

Miene f.
gesto; *cara*

Seine Miene verriet eindeutig, dass er von dem Vorschlag nicht begeistert war.	*Por la cara que puso se notaba que no le gustaba excesivamente la propuesta.*

mimen V. tr.
fingir

Sie versuchte immer, die Unschuldige zu mimen.	*Siempre se esforzaba por fingir que era inocente.*

Moderation f.
presentación (Moderation einer Radiosendung / einer Fernsehshow / einer Diskussion)

Die Moderation macht Klaus Wolf.	*La presentación estuvo a cargo de Klaus Wolf.*

maquinal Adj.
unwillkürlich; mechanisch

comportamiento maquinal	*unwillkürliches Verhalten*

mascar V. intr.
kauen
(Auch «masticar»)

mina f.
Mine; Bergwerk

Las minas de carbón del Ruhr fueron un factor esencial en la revolución industrial en Alemania.	*Die Kohlebergwerke des Ruhrgebiets waren ein wesentlicher Faktor der industriellen Revolution in Deutschland.*

mimar V. intr.
verhätscheln; verwöhnen

Mimaba tanto a su hija que ésta tenía deseos cada vez más costosos.	*Er verwöhnte seine Tochter derart, dass sie immer kostspieligere Wünsche hatte.*

moderación f.
Mäßigung

No te vendría mal un poco de moderación.	*Etwas Mäßigung stünde dir nicht schlecht an.*

Moderator m.
presentador

Der Moderator der gestrigen Sen-
dung ist einer der bekanntesten
deutschen Fernsehstars.

*El presentador de la emisión de ayer
es una de las estrellas televisivas
más celebres de Alemania.*

modisch Adj.
moderno

modische Kleidung

ropaᶠᶠ moderna

mondän Adj.
extravagante; fuera de lo común; elegante

Ihr mondänes Auftreten erregte
großes Aufsehen.

*Su presentación, fuera de lo común,
llamaba mucho la atención.*

monieren V. tr.
criticar

Ich muss schon wieder einen Fehler
in Ihrer Rechnung monieren.

*Me veo obligadoᶠᶠ de nuevo a
criticar un falloᶠᶠ en la facturaᶠᶠ.*

Montur f. (Mil.)
uniforme

Er erschien bei der offiziellen
Besprechung in voller Montur.

*Se presentó en la sesiónᶠᶠ oficial
vestido con uniforme de gala.*

moderador m.
Mäßiger; Schlichter

> En la disputa, él actúa de
> moderador.

> *In dem Streit wirkt er als Schlichter.*

Moderatorin

moderador

módico Adj.
mäßig; erschwinglich

> precios módicos

> *erschwingliche Preise*

mondo Adj. (selten)
sauber; rein

monear V. intr.
sich zieren

> ¡Deja de monear!

> *Zier dich nicht so!*

montura f.
1. *Reittier*
2. *Reitgeschirr*

> El caballo ya tiene montura.

> *Dem Pferd wurde das Reitgeschirr
> schon angelegt.*

3. *Gestell; Fassung* (von Brillen)

> gafas sin montura

> *randlose Brille*

Motto n.
lema; divisa

> Das Motto der Veranstaltung lautete „Neue Wege finden". | *El lema del acto^{FF} era «Encontrar nuevos caminos».*

Mus n.
puré (Kartoffeln); *pulpa* (Gelee)

> Einer seiner Lieblingsgerichte ist Pfannkuchen mit Apfelmus. | *Una de sus comidas preferidas es crepe con pulpa de manzanas.*

Muss n.
obligación

> Es ist ein Muss. | *Es una obligación.*

musisch Adj.
de las Musas; artístico

> musische Begabung | *talento artístico*

musizieren V. intr.
hacer música

> An Weihnachten wird in vielen deutschen Familien noch musiziert. | *Por Navidad en muchas familias alemanas todavía se hace música.*

moto f.
Motorrad

Primero se compró una bicicleta, luego una moto y al final un coche.	*Zuerst kaufte er sich ein Fahrrad, dann ein Motorrad und am Ende ein Auto[FF].*

mus m.
spanisches Kartenspiel

Apfelmus

mus

músico m. / Adj.
1. Als Substantiv: *Musiker*

Es un músico genial.	*Er ist ein genialer Musiker.*

2. Als Adjektiv: *musikalisch*

musicar V. tr.
vertonen

musicar un poema / poner música a un poema	*ein Gedicht vertonen*

notieren V. tr.
1. *apuntar; anotar*

| Bitte notieren Sie folgende Bestellung. | *Sírvase apuntar el pedido siguiente.* |

Mit dem Verb *anotar* besteht der FF nicht.

2. *cotizar* (Wirt.)

| Die Aktien der AG notierten Ende des Jahres bei DM 12,80. | *A finales de año, las acciones de la sociedad anónima cotizaron a 12,80 marcos alemanes.* |

Notiz f.
1. *apunte; anotación; nota*

| Während der Vorlesungen solltest du dir Notizen machen. | *Deberías tomar apuntes durante las clases.* |

2. *nota* (im Sinne von „Notiz von etwas / jemandem nehmen")

| Leider hat er keine Notiz von mir genommen. | *Desgraciadamente no ha tomado nota de mí.* |

Novelle f.
1. *novela corta; cuento* (Lit.)

| Thomas Manns bekannte Novelle „Der Tod in Venedig" diente als Vorlage zum gleichnamigen Film. | *La famosa[FF] novela corta de Thomas Mann «La Muerte en Venecia» sirvió de base a la película del mismo nombre.* |

2. *enmienda legislativa* (Pol.)

| die Verabschiedung der Novelle im Parlament | *la aprobación[FF] de la enmienda en el Parlamento* |

notar V. tr.
bemerken; bezeichnen

¿Has notado lo extraño que se comporta últimamente tu hermano?	*Hast du bemerkt, wie seltsam sich dein Bruder in letzter Zeit verhält?*

noticia f.
Nachricht; Nachrichtensendung (im Pl.)

Es una noticia confidencial. En las noticias se informaba ampliamente sobre los resultados de las elecciones.	*Es ist eine vertrauliche Nachricht. In den Nachrichtensendungen wurde ausführlich über den Wahlausgang berichtet.*

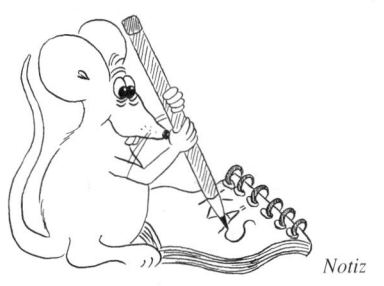 

Notiz | *noticia*

novela f.
1. *Roman* (Lit.)

novela policíaca	*Kriminalroman*

2. *Radioserie*

La novela era uno de los progamas de radio con mas éxito[FF] de los últimos[FF] años.	*Die Serie war eines der erfolgreichsten Radioprogramme der letzten Jahre.*

obligat Adj.
de rigor; indispensable; obligatorio

Nachdem er seine obligaten Einleitungsworte gesprochen hatte, kam er zum Kern der Sache.	*Después de haber pronunciado sus palabras de introducción de rigor, pasó* [FF] *al meollo del asunto.*

Öl n.
1. *aceite* (Speiseöl)

reines Olivenöl	*aceite puro de oliva*

2. *petróleo* (Erdöl)
3. *óleo* (Malerei) [kein FF]

operativ Adj.
operatorio

Die Geschwulst muss operativ entfernt werden. die operativen Geschäfte	*El tumor ha de ser extraído por vía operatoria. las transacciones operatorias*

ordern V. tr.
pedir

Bei dieser Messe wurde viel geordert.	*Durante la Feria se han registrado muchos pedidos.*

ordinär Adj.
vulgar; grosero;

ein ordinärer Witz sich ordinär kleiden	*un chiste grosero / verde vestirse de manera vulgar*

obligado Adj.
gezwungen; verpflichtet

Nos vimos obligados a seguir
dando trámite a este asunto.

*Wir sahen uns gezwungen, diese
Angelegenheit weiterzuleiten.*

óleo m.
1. *Öl* (Malerei) [kein FF]

cuadro al óleo

Ölbild

2. *Ölung* (Rel.)

los santos óleos

die letzte Ölung

operativo Adj.
gültig; wirksam

una norma operativa

eine gültige Norm

ordenar V. tr.
1. *ordnen; in Ordnung bringen* [kein FF]

ordenar / poner en orden su vida

sein Leben ordnen

2. *anordnen; befehlen*
3. *ordinieren; zum Priester weihen*

ordinario Adj.
1. *alltäglich; normal; ordentlich*

la vida ordinaria
Junta General ordinaria

das alltägliche Leben
ordentliche Hauptversammlung
   (einer AG)

2. *gewöhnlich; mittelmäßig*

gente ordinaria

gewöhnliche Leute

Ordination f.

1. *prescripción médica* (ärztliche Verordnung)
2. *consulta del médico* (Sprechzimmer / Sprechstunde eines Arztes)
3. *ordenación* (Priesterweihe) [kein FF]

Ordner m.

1. *mantenedor del orden*

Während des Fußballspiels hatten die Ordner alle Hände voll zu tun.	*Durante el partido de fútbol los mantenedores del orden no paraban de actuar.*

2. *clasificador* (Sammelmappe für Schriftstücke, Briefe usw.)

Alle Unterlagen werden sorgfältig in Ordnern abgeheftet.	*Toda la documentación se archiva ordenadamente en clasificadores.*

Ornat n.

1. *traje FF oficial*; *indumentaria de rigor*

Zur Verlesung des Urteils erschienen die Richter in vollem Ornat.	*Los jueces magistrados aparecieron en su indumentaria de rigor para dar lectura a la sentencia.*

2. *ornamentos sacerdotales* (geistliches Ornat)

ordenación f. (Rel.)
Priesterweihe
Kein FF in der Richtung Spanisch-Deutsch.

ordenador m.
Rechner; Computer

Para escribir sus traducciones le hacía falta un ordenador.	*Um seine Übersetzungen zu schreiben, brauchte er einen Computer.*

Mittlerweile wird im spanischsprachigen Raum auch das aus dem Englischen abgeleitete Wort «computador» oder «computadora» (besonders in Lateinamerika) verwendet.

ornato m.
Schmuck; Verzierung; Ornament; Dekoration
Im Deutschen steht der Begriff „Ornat" als Synonym zu „feierlicher Amtstracht[FF]", d. h. er bezieht sich nur auf die Kleidung. Im Spanischen ist jedoch die Hauptbedeutung nicht auf die Kleidung bezogen, sondern auf Schmuck und Verzierungen aller Art.

Por lo menos cinco días fueron necesarios para preparar el ornato para la boda en la iglesia.	*Mindestens fünf Tage waren notwendig, um die Dekoration der Kirche für die Hochzeit vorzubereiten.*

Panne f.
avería; defecto[FF]

eine Autopanne[FF] haben	*tener una avería con el coche*

Papa m.
papá

Pappe f.
cartón

Die Getränke wurden in Pappbechern serviert.	*Las bebidas se servían en vasos*[FF] *de cartón.*

Paragraph m.
artículo

gemäß Paragraph 19 des BGB	*según el artículo 19 del Código Civil Alemán*

parieren V. tr. / V. intr.
1. Als transitives Verb: *interceptar*

einen Schlag / einen Stoß parieren	*interceptar un golpe / un empellón*

2. *parar* (anhalten)

ein Pferd parieren	*parar un caballo*

3. Als intransitives Verb: *obedecer* (im Sinne von „gehorchen")

Der Hund pariert aufs Wort.	*El perro obedece a cada mandato.*

pana f.
Cord(samt); Plüsch

Me he comprado un pantalón de pana para el invierno.	*Ich habe mir eine Cordhose für den Winter gekauft.*

papa m. / f.
1. Als männliches Substantiv: *Papst*
(In dieser Bedeutung wird das Wort groß geschrieben.)

No seas más papista que el Papa.	*Sei nicht päpstlicher als der Papst.*

2. Als weibliches Substantiv: *Kartoffel* (Am.)
3. *Brei; Mus* (Nur im Plural)
4. In der Redewendung:

No entiendo ni papa.	*Ich verstehe kein Wort.*

párrafo m.
Absatz

artículo 27, párrafo 3	*Paragraph 27, Absatz 3*

parir V. tr.
gebären; *werfen* (Tiere)

La perra parió dos cachorros, uno blanco y el otro negro.	*Die Hündin warf zwei Junge, ein weißes und ein schwarzes.*

Parole f.

1. *consigna; santo y seña* (Kennwort; Losung)

Alle Soldaten mussten die ausgegebene Parole kennen.	*Todos los soldados tenían que conocer el santo y seña.*

2. *lema* (Schlagwort)

Diese Parolen darf man nicht ernst nehmen.	*Estos lemas no han de ser tomados en serio.*

Passant m.
transeúnte

Die Passanten gingen achtlos an der verletzten Frau vorbei.	*Los transeúntes pasaban sin preocuparse de la mujer que estaba herida.*

passen V. intr.

1. *caber* (im Sinne von „Platz haben")

Dieser Koffer passt nicht mehr in den Kofferraum.	*Esta maleta ya no cabe en el maletero.*

2. *venir / ir bien; hacer juego* (zusammengehören)

Diese Schuhe passen gut zum Kleid.	*Estos zapatos hacen juego con el traje.*

3. *agradecer* (mögen)

Dein Benehmen passt mir nicht.	*No me agrada tu comportamiento.*

4. *concordar*

Die beiden passen gut zueinander.	*Los dos concuerdan bien.*

5. *pasar* (im Sinne von „aufgeben") [kein FF]

Ich muss passen (Kartenspiel).	*Paso.*

parola f. (selten)
Wortschwall; Gerede; Gequatsche

> Es famoso[FF] por su parola.

> *Er ist für sein Gequatsche bekannt.*

pasante m.
Praktikant; Referendar[FF] (Anwalt)

> Trabajo de pasante en el bufete[FF] del Dr. Arias.

> *Ich arbeite als Referendar[FF] in der Anwaltskanzlei von Dr. Arias.*

pasar V. intr. / V. tr.
1. *überqueren; überschreiten*

> pasar por el puente

> *die Brücke überqueren*

2. *vorbeigehen; verstreichen*

> el tiempo[FF] pasa

> *die Zeit vergeht*

3. *übergeben; schicken*

> pasar un pedido

> *einen Auftrag erteilen*

4. *durchmachen; (Hunger) erleiden*
5. *passieren; geschehen*
6. *passen* [kein FF]

passen

pasar

Passus m.
pasaje; párrafo[FF]

Wir sollten diesen Passus noch in den Vertrag aufnehmen.	*Deberíamos incluir este párrafo*[FF] *en el contrato.*
Nach jedem Passus hielt der Lehrer inne und fragte die Schüler, ob sie alles verstanden hätten.	*Después de cada pasaje el profesor*[FF] *paraba y preguntaba a los estudiantes, si habían comprendido todo.*

patent Adj.
inteligente; excelente; estupendo

Er ist ein sehr patenter Kerl.	*Es un tipo excelente.*

Patrone f.
cartucho

Anstatt wie üblich Platzpatronen zu verwenden, nahm er diesmal scharfe Patronen.	*En lugar de utilizar, como de costumbre, cartuchos de fogueo, esta vez llevaba cartuchos de verdad.*

penetrant Adj.
1. *pesado* (lästig; aufdringlich)

ein penetranter Typ	*un tío pesado*

2. *durchdringend* [kein FF]

ein penetranter Geruch	*un olor penetrante*

penibel Adj.
ciudadoso; correcto; minucioso; absoluto

In seinem Zimmer herrschte penible Ordnung.	*En su habitación reinaba un orden absoluto.*

paso m.
1. *Schritt; Gang(art)*

   paso a paso   *Schritt für Schritt*

2. *Durchgang, -fahrt*

   prohibido el paso   *Durchgang verboten*

3. *(Gebirgs)Pass* [kein FF]
4. *Übergang; schwierige Lage* (fig.)

   No pudo salir del paso.   *Er konnte sich aus seiner schlimmen Lage nicht befreien.*

patente Adj.
deutlich; offen; klar

   Su delicada^{FF} situación financiera se hacía patente poco a poco.   *Seine schwierigen finanziellen Verhältnisse traten allmählich offen zu Tage.*

patrona f.
Schutzheilige, -patronin

   la Patrona de España   *die Schutzheilige Spaniens*

penetrante Adj.
1. *penetrant; durchdringend* (mit negativer Konnotation, nicht auf Personen bezogen) [kein FF]
2. *tief; durchdringend* (positive Konnotation)

   una inteligencia penetrante   *ein scharfer / durchdringender Verstand*

penable Adj.
strafbar

   Su conducta no deja de ser penable.   *Sein Verhalten ist strafbar.*

Persianer m.
astracán

ein Persianermantel	*un abrigo de astracán*

Phrase f.
tópico

Ich will diese Phrasen nicht mehr hören.	*No quiero oír más esos tópicos.*
Phrasen dreschen	*charlatanear*

Plakat n.
cartel

Plakate ankleben verboten.	*Prohibido fijar carteles.*

Planke f.
tabla; tablón

Die morschen Schiffsplanken machen keinen sehr guten Eindruck.	*Los desvencijados tablones no dan buena impresión.*

Plateau n.
meseta; altiplano

Das Hochplateau in Kastilien hat ein ganz anderes Klima als die Bergregionen an der atlantischen Küste.	*La meseta alta de Castilla tiene un clima completamente diferente de él de las regiones montañosas de la costa atlántica.*

persiana f.
1. *Jalousie*

No te olvides de bajar las persianas.	*Vergiss nicht, die Jalousien herunterzulassen.*

2. *eine Perserin* (Frau aus Persien)

frase f.
Satz

No era capaz de escribir una frase sin hacer errores.	*Er war nicht im Stande einen Satz zu schreiben, ohne Fehler zu machen.*

placa f.
Schild

palanca f.
1. *Hebel; Knüppel*

palanca de cambio	*Schalthebel, -knüppel (Kfz)*

2. *Sprungturm*

plato m.
1. *Teller*
2. *Gericht; Gang* (beim Essen)

primer / segundo / tercer plato	*erster / zweiter / dritter Gang*

3. *Scheibe*

plató m.
Film-, Theaterkulisse

Es un gran artista[FF] del plató[FF].	*Er ist ein großer Theaterkünstler.*

Platte f.
1. *placa*^{FF}
2. *azulejo* (Kachelplatte)
3. *tabla* (Holzplatte)
4. *losa*^{FF} (Steinplatte)
5. *baldosa* (Fliesenplatte)
6. *chapa; lámina* (Metallplatte)
7. *disco* (Schallplatte)

Pleite f.
quiebra

So wie er seine Geschäfte führte, musste er ja Pleite gehen.	*¡Con esa manera de hacer negocios tenía que ir a la quiebra!*

Pöbel m.
gentuza; plebe; chusma

Er konnte seine Rede nicht halten, weil der Pöbel lärmte und ihn mit Gemüse bewarf.	*No pudo pronunciar su discurso^{FF} porque la chusma metía ruido y le arrojaba hortalizas.*

pochiert Adj.
escalfado

pochierte Eier	*huevos escalfados / perdidos*

Post f.
correo; Correos (Postamt)

Mit getrennter Post schicken wir Ihnen Muster zu. Wo ist die nächste Post?	*Les mandamos muestras por correo separado.* *¿Dónde está la próxima oficina de Correos?*

plata f.
1. *Silber*

Comieron con cubertería de plata.	*Sie aßen mit Silberbesteck.*

2. *Geld* (Am.)

pleito m.
(Zivil)Prozess

Los pleitos se ven.	*Die Gerichtsverhandlung findet statt.*

pueblo m.
1. *Volk*

el pueblo alemán /español	*das deutsche /spanische Volk*

2. *Bevölkerung*

el pueblo de Madrid	*die Bevölkerung Madrids*

3. *Dorf*

Pasan[FF] sus vacaciones en el pueblo donde viven sus padres.	*Sie verbringen ihren Urlaub in dem Dorf, in dem seine Eltern leben.*

pochado Adj.
1. *bleich*
2. *aufgedunsen*
3. *faul* (Obst); *welk* (Blumen)

poste m.
Pfeiler; Mast

poste (de línea) de alta[FF] tensión	*Hochspannungsmast*

Präsidium n.
presidencia; dirección; Mesa

Bei der Versammlung wurde ein neues Präsidium gewählt.	*En la asamblea se votó una nueva presidencia.*
das Präsidium des Bundestages	*la Mesa de la cámara baja del Parlamento alemán*

Premiere f.
estreno

Die Filmpremiere war ein großer Erfolg.	*El estreno de la película fue un éxito clamoroso.*

Presse f.
1. *prensa*

Bei der Pressekonferenz waren zahlreiche ausländische Pressevertreter anwesend.	*A la rueda de prensa asistieron numerosos representantes de la prensa extranjera.*

2. *expremidor* (Früchtepresse)
3. *lagar* (Olivenpresse; Kelter)

prima Adj.
excelente; de primera categoría; de maravilla

Das hat prima funktioniert.	*Ha funcionado de maravilla.*

presidio m.
Gefängnis; Zuchthaus
In Spanien unterscheidet man zwischen:

pena de presidio mayor	*Zuchthaus von sechs Jahren und einem Tag bis zu 12 Jahren*
pena de presidio menor	*Zuchthaus bzw. Gefängnis von sechs Monaten und einem Tag bis zu 6 Jahren*

primero Adj. / Adv.
1. Als Adjektiv: *erster; als erstes*

el primero de julio	*der 1. Juli*

2. Als Adverb: *erstens; zuerst*

presa f.
1. *Beute; Fang*

animal de presa	*Raubtier*

2. *(Stau)Wehr; Talsperre*

Presse

presa

prima f.
1. *Cousine*
2. *(Versicherungs)Prämie*

Primiz f.
primera misa de un sacerdote

| die Primiz feierlich begehen | *celebrar solemnemente la primera misa* |

Primus m.
primero[FF] (de la clase)

| Karl war wie jedes Jahr auch diesmal Primus in seiner Klasse. | *Como todos los años, también en éste Karl ha sido el primero[FF] de su clase.* |

prinzipiell Adj. /Adv.
1. Als Adjektiv: *de principio*

| Es besteht ein prinzipieller Unterschied zwischen diesen beiden Auslegungen. | *Existe una diferencia de principio entre esas dos interpretaciones.* |

2. Als Adverb: *por principio*

| Ich bin prinzipiell gegen dieses Vorgehen. | *Por principio, estoy en contra de ese proceder.* |

Professor/in m. / f.
profesor / profesora [kein FF]

Prokurist m.
apoderado
Der „Prokurist" ist der Inhaber einer „Prokura", also einer ins Handelsregister eingetragenen Vollmacht, Rechtsgeschäfte für ein Unternehmen durchführen zu können.

primicia f.
1. *Frühgemüse, -obst*
2. *Erstlingsopfer, -abgabe* (Rel.)
3. *erste Erfolge*
4. *Vorgeschmack*

primo m.
1. *Cousin*
2. Die Redewendung «hacer el primo»: *hereingelegt werden*

No sé lo que me pasa^{FF}, pero siempre hago el primo.	*Ich weiß nicht, was mit mir los ist, aber ich werde ständig hereingelegt.*

principal m. / Adj.
1. *Hochparterre*

Vivimos en el principal.	*Wir wohnen im Hochparterre.*

2. *Chef*

principal (de la obra)	*Bauherr*

3. *Geschäftsinhaber*
4. *Kapitalsumme; Hauptbetrag; Kreditbetrag* (Wirt.)
5. *zweiter Rang* (Theater)
6. Als Adjektiv: *hauptsächlich*; *wesentlich*; *vorrangig*

carretera principal	*Hauptstraße*

profesor / profesora m. / f.
1. *Lehrer/in*
2. *Professor/in* [kein FF]

procurador m.
Prozessbevollmächtigter
Im spanischen Recht unterscheidet man zwischen «procurador» (einem nichtplädierenden Anwalt) und «abogado» (Rechtsanwalt).

Prominente m. / f.
el / la vip; la persona muy importante

Prominenz f.
personalidades; la alta sociedad^{FF}

Zur Premiere erschien die gesamte Prominenz aus der Filmbranche.	*Asistieron al estreno todas las personalidades del mundo del celuloide.*

Promotion f.
1. *doctorado*

Er hat die Promotion abgelegt.	*Ha hecho su doctorado.*

2. *publicidad; propaganda; promoción* [kein FF]

Er befindet sich zur Zeit auf Promotion-Tour für seine neue Schallplatte^{FF}.	*Se encuentra en viaje de promoción de su nuevo disco.*

promovieren V. tr. / V. intr.
1. Als transitives Verb: *conferir (a alguien) el grado de doctor*
2. Als intransitives Verb: *hacer una tesis doctoral; doctorarse*

Er promovierte mit einer Arbeit über Theodor Fontane.	*Se doctoró con una tesis sobre Theodor Fontane.*

prominente Adj.
hervorragend; hervorstehend

prominencia f.
(Boden-)Erhebung^{FF}

Prominenz

prominencia

promoción f.
1. *Aufstieg; Beförderung; Versetzung*

jugar la promoción a la primera División	*um den Aufstieg in die Erste Liga spielen* (Fußball)

2. *Jahrgang* (Schule)

Cada diez años nos vemos los de mi promoción.	*Alle zehn Jahre treffe ich mich mit den Schulabgängern meines Jahrgangs.*

3. *Sonderangebot*
4. *Promotion* (Werbung) [kein FF]

promover V. tr.
1. *fördern; befördern*

ascender / promover (a alguien) al puesto de director	*jdn. zum Direktor befördern*

2. *anregen; herbeiführen*

promover una acción	*eine Klage einreichen*

proper Adj.
aseado; pulcro

Obwohl sie für Kleidung wenig ausgab, war sie immer recht proper angezogen.	*Aunque no gastaba mucho dinero para la ropa, iba vestida siempre de manera muy pulcra.*

Provision f.
comisión FF

Sie arbeitet auf Provisionsbasis.	*Trabaja a comisión.*

Provision

provisión

Pulver n.
pólvora

Schwarzpulver (Schießpulver)	*pólvora negra*

punktuell Adj.
parcial; partes de

Es wurde punktuelle Kritik an seinem Buch geäußert.	*Han sido criticadas partes de su libro.*

propio Adj.
1. *eigen*

nombre propio	*Eigenname*

2. *typisch*

propio de Andalucía	*typisch für Andalusien*

3. *geeignet sein für*

provisión f.
1. *Vorrat*

Hay que hacer provisiones.	*Es müssen Vorräte angelegt werden.*

2. *Deckung*

El cheque no se ha hecho efectivo por falta[FF] de provisión (de fondos[FF]).	*Der Scheck wurde nicht eingelöst, da keine Deckung bestand.*

polvo m.
Staub

quitar[FF] el polvo	*Staub wischen*

puntual(mente) Adj.
pünktlich; genau

Llegó puntualmente, sin retrasarse ni un minuto.	*Sie kam auf die Minute pünktlich.*

Quantum n.
cantidad

Er hat ein gehöriges Quantum Bier getrunken.	*Se ha tomado una cantidad considerable de cerveza.*

Querele(n) f. (meist Pl.)
problema; controversia

Es kam ständig zu Querelen.	*Se producían controversias una y otra vez.*

quittieren V. tr.
1. Als Synonym zu „bescheinigen": *firmar[FF]*

den Empfang eines Betrags quittieren	*firmar[FF] el recibo de una suma*

2. Als Synonym zu „aufgeben", „niederlegen": *abandonar*

Er musste den Dienst quittieren.	*Se vio obligado[FF] a abandonar el servicio[FF].*

cuánto Adj. / Adv.
wie viel

¿Cuánto vale?	*Wie viel kostet das?*

querella f.
Klage

presentar / elevar querella	*Klage einreichen*

quitar V. tr.
wegnehmen; stehlen (übertr.); *entfernen; ausziehen*

Me han quitado la cartera.	*Man hat mir die Brieftasche gestohlen.*

radieren V. tr.
1. *borrar* (tilgen)

ein Wort wegradieren	*borrar una palabra*
Radiergummi	*goma de borrar*

2. *grabar* (ritzen)

eine Radierung (radierte Zeichnung)	*un (dibujo) grabado*

Rakete f.
cohete

eine Rakete abschießen	*lanzar / disparar un cohete*
Das Auto[FF] schoss los wie eine Rakete.	*El coche salió disparado como un cohete.*

rar Adj.
escaso; raro [kein FF]

eine rares Gut	*un bien escaso*

(sich) rasieren V. tr. / V. refl.
afeitar(se)

Rasierapparat	*aparato de afeitar*

radiar V. tr. / V. intr
1. Als transitives Verb: *(aus)strahlen; senden*

Esta emisión se radia para toda Europa.	*Diese Sendung wird in ganz Europa ausgestrahlt.*

2. Als intransitives Verb: *glänzen; strahlen*

estar radiante de felicidad	*vor Glück strahlen*

raqueta f.
1. *(Tennis)Schläger*
2. *Schutzgeld, -gebühr* (bei einer Erpressung)

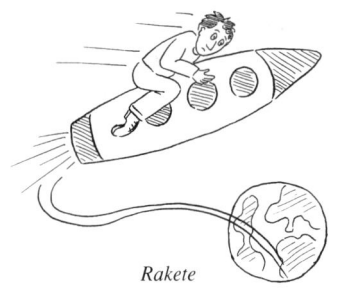

Rakete

raqueta

raro Adj.
1. *selten; rar* [kein FF]
2. *seltsam; sonderbar; komisch*

un tipo muy raro	*ein sehr eigenartiger / komischer Mensch*

rasar V. tr. / V. refl.
1. Als transitives Verb: *streifen; leicht berühren*

La bala[FF] rasó la pared.	*Der Schuss streifte die Wand nur leicht.*

2. Als reflexives Verb: *sich aufhellen*

el cielo se rasa	*der Himmel hellt sich auf*

räsonieren V. intr.
1. *reflexionar; pensar*

Er räsonierte über die Möglichkeit, nach Amerika zu fahren.	*Reflexionaba sobre la posibilidad de ir a América.*

Mit dem Verb *razonar* („denken", „überlegen") besteht kein FF.

2. *criticar*

Es gab eigentlich keinen Grund zum Räsonieren.	*En realidad, no había razón para criticar.*

real Adj.
real; verdadero [kein FF]

Er ist zu oberflächlich, um die realen Probleme zu erkennen.	*Es demasiado superficial para reconocer los problemas reales.*

Referendar m. (jur.)
licenciado en Derecho que está en periodo de prácticas; pasante[FF]

Referent m.
ponente; conferenciante; orador

Der Referent des heutigen Abends sprach über die zunehmende Umweltverschmutzung. Presse[FF]referent	*El conferenciante de esta tarde ha hablado sobre la creciente contaminación ambiental. jefe (del gabinete) de prensa*

resonar V. intr.
nach-, widerhallen; erklingen; ertönen

> Los cantos corales de los monjes
> resonaban hasta la calle.

> *Die Chorgesänge der Mönche*
> *ertönten bis zur Straße.*

real m. / Adj.
1. Als Substantiv: *Real* (alte Münze mit 25 Céntimos)
2. Als Substantiv: *Feldlager; Heereslager*
3. Als Adjektiv: *real; tatsächlich; wirklich* [kein FF]
4. Als Adjektiv: *königlich*

> la Real Academia Española

> *die Königliche Spanische Akademie*

referendario (**refrendario**) m.
Gegenzeichner (jur.)

> El referendario todavía no ha
> firmado[FF] el documento.

> *Der Gegenzeichner hat die Urkunde*
> *noch nicht unterschrieben.*

referente (**en lo**) Adv.
bezüglich; hinsichtlich

> En lo referente a su reclamación
> sentimos tener que comunicarles
> que no asumimos responsabilidad
> por los daños ocurridos.

> *Hinsichtlich Ihrer Reklamation*
> *müssen wir Ihnen leider mitteilen,*
> *dass wir für die eingetretenen*
> *Schäden keine Haftung übernehmen.*

Refrain m.
copla; estribillo

Das Lied hatte vor allem wegen des einfachen Refrains Erfolg.	*La canción tuvo éxito[FF] sobre todo por el estribillo sencillo.*

Regal n.
estante; estantería

Bücher- / Flaschenregal	*librería / botellero*

Regal

regalo

regieren V. tr. / V. intr.
reinar; gobernar

König Philipp II. regierte in Spanien von 1556 bis 1598. ein diktatorisch regiertes Land	*El rey Felipe II reinó en España desde 1556 hasta 1598. un país de gobierno dictatorial*

Rente f.
pensión; jubilación

eine bescheidene Rente beziehen Beiträge zur Rentenversicherung bezahlen	*percibir una modesta pensión pagar cuotas al seguro de pensiones*

refrán m.
Sprichwort

> El refrán dice que no es oro todo lo que reluce. | *Das Sprichwort besagt: Es ist nicht alles Gold, was glänzt.*

regalo m.
1. *Geschenk*

> recibir un regalo de cumpleaños / de boda | *ein Geburtstags- / Hochzeitsgeschenk bekommen*

2. *Privileg; Verwöhnung*

> La niña tenía demasiado regalo, no estaba acostumbrada a vivir de una forma humilde. | *Das Mädchen war zu sehr verwöhnt, es war nicht gewohnt, bescheiden zu leben.*

regir V. tr. / V. intr.
leiten; gelten; regeln

> En este caso rigen las disposiciones del Artículo 9. | *Hierfür gelten die Bestimmungen unter Paragraph^{FF} 9.*

regar V. tr.
bewässern; gießen

> regar las plantas | *die Pflanzen gießen*

renta f.
Einkommen

> impuesto general sobre la renta de las personas físicas (IRPF) | *Einkommenssteuer*

Unter dem deutschen Wort versteht man „das regelmäßige Einkommen, das man aus einer Versicherung (Renten-, Invalidenrenten) oder aus angelegtem Kapital bezieht". Im Spanischen bedeutet «renta» jedoch „Einkommen jeglicher Art".

Rentner m.
jubilado

Viele Rentner verbringen die Wintermonate in Mallorca.	*Muchos jubilados[FF] pasan[FF] los meses invernales en Mallorca.*

Requisit n.
accesorio; aderezos

für die Requisiten zuständig sein	*estar encargado de los accesorios*

respektieren V. tr
respetar

Aufgrund seiner überragenden Kenntnisse wurde er von allen Schülern respektiert.	*Todos los alumnos lo respetaban debido a sus excelentes conocimientos.*

Ressort n.
1. *departamento; sección* (besonders für Zeitungen)

Er wurde zum Ressortleiter befördert.	*Fue ascendido a jefe de sección.*

2. *ministerio* (Pol.)

reüssieren V. intr.
tener éxito

Der junge Pianist reüssierte in ganz Deutschland.	*El joven pianista tuvo éxito[FF] en toda Alemania.*

Revision f. (jur.)
(recurso de) casación

Revision einlegen	*interponer recurso de casación*

rentista m. / f.
Privatier; Rentier

> José es rentista: heredó una fortuna tan grande que no necesita trabajar para vivir («vive de sus rentas»).

> *José ist ein Privatier: Er hat ein so großes Vermögen geerbt, dass er nicht mehr zu arbeiten braucht, um zu leben.*

requisito m.
Erfordernis; Voraussetzung

> cumplir los requisitos

> *die Voraussetzungen erfüllen*

respectar V. tr.
betreffen

> en/por lo que respecta a …
> En lo que respecta a sus precios, éstos son demasiado elevados para nuestro mercado.

> *was … betrifft; hinsichtlich*
> *Was Ihre Preise betrifft, so sind sie für unseren Markt zu hoch.*

resorte m.
Feder

> resorte de compresión
> tocar todos los resortes

> *Druckfeder*
> *alle Hebel in Bewegung setzen*

rehusar V. tr.
ablehnen; verweigern

> rehusar una petición

> *eine Bitte ablehnen*

revisión f.
1. *Überprüfung; Kontrolle*

> inspección técnica de vehículos

> *Technische Fahrzeugkontrolle (TÜV)*

2. *Wiederaufnahme des Verfahrens* (jur.)
Es handelt sich hier im Gegensatz zur „Revision" (= Anrufung einer höheren Instanz zur nochmaligen Prüfung einer Rechtsangelegenheit) um eine „erneute Durchführung eines bereits rechtskräftig abgeschlossenen Verfahrens".

Robe f.
hábito

Zur Premieren[FF]feier erschien sie in großer Robe.	*Apareció en hábito de gran gala a la celebración del estreno.*

roden V. tr.
talar

Ganze Wälder wurden gerodet, um genügend Holz für die Schifffahrt zu haben.	*Se procedió a talar bosques enteros con el fin de tener madera suficiente para la navegación.*

romanisch Adj.
románico (FF nur kontrastiv zu *romano*)

romanische Kunst	*arte románico*
romanische Sprachen	*lenguas románicas*

rumoren V. intr.
hacer ruido; hacer barullo

In meinem Bauch rumort es. Im Keller rumort irgend etwas herum.	*El estómago me hace ruido. Hay algo que hace ruido en el sótano.*

robo m.
Dieb(stahl)

robo simple / grave	*einfacher / schwerer Diebstahl*

ropa f.
Kleidung

ropa de verano / de invierno	*Sommer- / Winterkleidung*

rodar V. intr. / V. tr.
(sich) drehen; rollen; drehen (Film)

rodar un bidón	*ein Fass rollen*
Esta película fue rodada en los estudios cinematográficos de Múnich.	*Dieser Film wurde in den Filmstudios in München gedreht.*

romano Adj.
römisch

el Imperio Romano	*das Römische Reich*
la Cultura Romana	*die Römische Kultur (Kultur des antiken Roms)*

rumorear V. tr.
munkeln

Se rumorea que va a dimitir pronto.	*Man munkelt, dass er bald zurücktreten werde.*

Saison f.
temporada; estación

| In der Hauptsaison zwischen Juni und September waren alle Hotels voll belegt. | *En la temporada alta entre junio y septiembre todos los hoteles estaban completos.* |
| In der nächsten Saison wird der Spieler die Mannschaft wechseln. | *En la próxima temporada el jugador cambiará de equipo.* |

Sakko n.
chaqueta americana

| Er trägt ein sehr modisches Sakko. | *Lleva una chaqueta muy moderna.* |

Kein FF mit dem in Lateinamerika gebrauchten Wort «saco».

Sakko

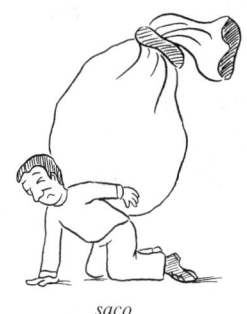

saco

Salat m.
1. *ensalada* [kein FF]

| Als Vorspeise gab es Tomatensalat. | *De primero*[FF] *hubo ensalada de tomate.* |

2. *lechuga* (grüner Salat)

Salut m.
salva de honor

| Zur Begrüßung des ausländischen Staatsgastes wurden fünf Salutschüsse abgegeben. | *El huésped extranjero fue recibido con cinco salvas de honor.* |

sesión f.
Sitzung; Tagung

celebrar una sesión	*eine Sitzung abhalten*

sazón f.
Zeitpunkt; Reife

a la sazón	*damals*
Las manzanas no están en sazón.	*Die Äpfel sind unreif.*

saco m.
1. *Sack* (FF nur kontrastiv zu „Sakko")

saco de dormir	*Schlafsack*

2. *Tasche*

saco de viaje	*Reisetasche*

3. *Sakko* (Am.) [kein FF]
4. *Plünderung*

entrar a saco	*plündern*
Los rebeldes entraron a saco en el pueblo[FF].	*Die Rebellen plünderten das Dorf.*

ensalada f.
(mit Dressing zubereiteter) Salat [kein FF]

ensalada de atún	*Thunfischsalat*

salud f.
1. *Gesundheit*

¿Como estás de salud?	*Wie geht es dir gesundheitlich?*

2. *Prost*

¡A su salud!	*Auf Ihr Wohl!*

salutieren V. intr.
hacer el saludo militar

| Beim Fahneneid müssen die jungen Soldaten vor der Fahne salutieren. | *En la jura^{FF} de bandera los nuevos soldados han de hacer el saludo militar delante de la bandera.* |

Schikane f.
1. *pega; traba; cortapisa*

| Auf der Rennstrecke waren viele schwierige Schikanen eingebaut. Er macht das nur aus Schikane. | *En la pista de carreras habían colocadas numerosas trabas. Lo hace sólo para fastidiar.* |

2. *lujo* (ugs.)

| Er kaufte sich ein neues Auto^{FF} mit allen Schikanen. | *Se compró un coche nuevo a todo lujo.* |

Sekret n. (Med.)
secreción

| Aus der Wunde floss ein eitriges Sekret. | *De la herida salía una secreción purulenta.* |

Service n. / m.
1. Als neutrales Substantiv: *juego de mesa* (Tischgeschirr)

| Kaffee- / Teeservice | *juego de café / de té* |

2. Als männliches Substantiv: *asistencia; servicio* [kein FF]

| (technischer) Kundenservice | *asistencia técnica al cliente* |

saludar V. tr.
grüßen

Saluda a tu hermana de mi parte.	*Grüß deine Schwester von mir.*

chicana f. / Adj.
in den USA lebende Einwanderin aus Mexiko; mexikanisch

En el estado de Florida (EEUU) hay un porcentaje muy alto[FF] de población chicana.	*Im Bundesstaat Florida (U.S.A.) gibt es einen sehr hohen Anteil an Auswanderern aus Mexiko.*

secreto m. / Adj.
1. Als Substantiv: *Geheimnis; Heimlichkeit*

Es un secreto a voces que mantiene una relación con su secretaria.	*Es ist ein offenes Geheimnis, dass er mit seiner Sekretärin ein Verhältnis hat.*

2. Als Adjektiv: *heimlich; geheim*

Le ruego mantenga en secreto esta información.	*Bitte halten Sie diese Information geheim.*

servicio m.
1. *Dienstleistung; Service* [kein FF]
2. «persona de servicio»: *Haushaltshilfe*
3. *Einsatz*

hacer servicio en algún lugar	*Einsatz leisten / Dienst absolvieren*

4. Der Ausdruck «estar al servicio de alguien»: *in jds. Sold stehen*

Sold m. (meist Mil.)
paga; soldada

Die Soldaten bekamen ihren Sold pünktlich ausbezahlt.	*A los soldados se les hacía efectiva la paga puntualmente.*
in jds. Sold stehen	*estar al servicio* [FF] *de alguien*

Sorte f.
clase; género; calidad

Sie können zwischen fünf verschiedenen Sorten Marmelade wählen.	*Puede elegir entre cinco diferentes clases de mermelada.*

sortieren V. tr.
1. Im Sinne von „ordnen": *clasificar; ordenar* [FF]

Sortiere bitte die Hemden nach Größe.	*Haz el favor de ordenar* [FF] *las camisas según la talla.*
Hast du die Post [FF] schon sortiert?	*¿Has clasificado ya el correo?*

2. Im Sinne von „aussortieren": *seleccionar; separar; eliminar*

Die fehlerhaften Exemplare wurden aus der Lieferung aussortiert.	*Los ejemplares defectuosos fueron eliminados de la entrega.*

Sozietät f.
bufete [FF]

Es war für ihn ein erhebender Tag, als er Mitglied in der Anwaltssozietät Berger & Loebe wurde.	*Fue para él muy gratificante el día en que se hizo socio del bufete* [FF] *Berger & Loebe.*

sueldo m.
Gehalt

De este sueldo de hambre no se puede vivir.	*Von diesem Hungerlohn kann man nicht leben.*

suerte f.
Schicksal; Los; Glück

¡Que suerte hemos tenido! mala suerte	*Was für ein Glück wir gehabt haben! Pech*

sortear V. tr.
1. *(aus)losen*

sortear un viaje a París	*eine Reise nach Paris auslosen*

2. *ausweichen* (fig.)

sortear un obstáculo / un peligro	*einem Hindernis / einer Gefahr ausweichen*

surtir V. tr.
beliefern; versorgen

Ya desde muchos años el mismo proveedor surte a nuestra empresa de esos productos. surtir efecto	*Derselbe Hersteller beliefert unsere Firma^{FF} schon seit Jahren mit diesen Produkten. Wirkung zeigen; wirken*

sociedad f.
1. *Gesellschaft* (im Sinne von „menschlicher Gemeinschaft")

vivir al margen de la sociedad la sociedad de masas	*am Rande der Gesellschaft leben die Massengesellschaft*

2. *Gesellschaft* (Unternehmen)

La fundación de una sociedad anónima requiere un capital social.	*Für die Gründung einer Aktiengesellschaft ist ein Grundkapital erforderlich.*

Statist m.
comparsa; extra

als Statist auftreten	*actuar de extra*
Er weigerte sich, sich zum Statisten degradieren zu lassen.	*Se negaba a ser degradado al papel de comparsa.*

Statist

estadista

stupid Adj.
1. *aburrido* (für Tätigkeiten)

Ich weigere mich, diese stupide Arbeit noch länger zu machen.	*Me niego a seguir haciendo este trabajo tan aburrido.*

2. *estúpido* (dumm; unsinnig) [kein FF]

sublim Adj.
fino; matizado

ein sublimer Unterschied	*una diferencia muy matizada*

Szene f.
1. Im Theater als Synonym zu „Bühne", „Schauplatz", „Bild": *escenario*
2. In der Bedeutung von „Teil eines Bühnenstücks": *escena* [kein FF]
3. Umgangssprachlich als Synoynm zu „Vorwürfe", „Streit": *escándalo*

jemandem eine Szene machen	*armar un escándalo a alguien*

4. In der Bedeutung von „Personengruppe": *mundillo*

die Literatur-/Theaterszene	*el mundillo de la literatura / del teatro*

estadista m.

1. *Staatsmann; Politiker*

> Un gran estadista se ha despedido para siempre.

> *Ein führender Staatsmann ist für immer abgetreten.*

2. *Politikexperte*

> En la emisión sobre la Guerra del Golfo participaron estadistas de toda Europa.

> *An der Sendung über den Golfkrieg nahmen Politikexperten aus ganz Europa teil.*

estúpido Adj.
dumm; stupid [kein FF]

> He cometido un error estúpido.

> *Ich habe einen dummen Fehler gemacht.*

sublime Adj.
erhaben; prächtig; groß

> una obra sublime

> *ein erhabenes / großes Werk*

escena f.
In der Richtung Spanisch-Deutsch kein FF.
1. *Szene* (Teil eines Bühnenauftritts)
2. *Bühne; Bild* (ebenfalls am Theater)

Tablett n.
bandeja

etwas auf einem Tablett servieren	*servir algo en una bandeja*

Tapete f.
papel pintado; *tapiz*

Taste f.
tecla

eine Taste drücken	*pulsar una tecla*

Tempo n.
1. *velocidad; ritmo; marcha*

das Tempo erhöhen / verlangsamen	*aumentar / reducir la velocidad*
mit schnellem / mäßigem / langsamen Tempo	*a (una) gran velocidad / a una velocidad moderada / despacio*

2. In der Musik als Synonym zu „Takt": *tiempo* [kein FF]

Termin m.
1. *fecha*
2. *hora* (Arzttermin); *vista* (Gerichtstermin)

einen Termin beim Arzt haben	*tener (una) hora con el médico*

3. *plazo; vencimento* (Frist)

der Termin läuft ab	*el plazo vence*
Termingeschäfte (Wirt.)	*operaciones a plazo*

tableta f.
Der spanische Begriff ist eine Verkleinerungsform von «tabla» (= Brett).
1. *(kleine) Tafel*

una tableta de chocolate	*eine Tafel Schokolade*

2. *Tablette* (Med.) [kein FF]

tabletas contra el dolor de cabeza	*Kopfschmerztabletten*

tapete m.
1. *Tischdecke*
2. *Badematte; Bettvorleger*
3. Der Ausdruck «poner sobre el tapete» (fig.): *eine Frage aufs Tapet bringen* [kein FF]

tasto m.
muffiger Geschmack (von verdorbenen Lebensmitteln)

tiempo m.
1. *Zeit*

tiempo libre	*Freizeit*

2. *Wetter*

hace mal tiempo	*es ist schlechtes Wetter*

3. *Tempo; Takt* [kein FF]
4. *Zeit* (Sport)

primer tiempo	*erste Halbzeit*

término m.
1. *Ende; Schluss; Ziel*

en último término	*letzten Endes*

2. *Verwaltungsgebiet; Bezirk*

término municipal	*Gemeindegebiet*

3. *Terminus* [kein FF]

término técnico	*Fachwort*

terminieren V. tr.
fijar un plazo / una fecha

Das Projekt wurde auf ein Jahr terminiert.	*Se ha fijado un plazo de un año para el proyecto.*

testen V. tr.
probar; ensayar

ein neues Medikament testen	*probar un nuevo medicamento*

Tinte f.
tinta

Die Arbeit war mit roter Tinte korrigiert worden.	*El trabajo había sido corregido con tinta roja.*

Tracht f.
1. *vestimenta* (Kleidung); *traje típico; uniforme* (Schwesterntracht)

Zum Festumzug trugen die jungen Mädchen des Dorfes ihre Tracht.	*En el desfile, las jovencitas del pueblo*[FF] *vestían el traje típico.*

2. In der idiomatischen Wendung „eine Tracht Prügel": *paliza; tunda*

Trakt m.
1. *ala; sección* (eines Gebäudes)

der Seitentrakt	*el ala lateral*

2. *tramo; trecho* (einer Straße)

traktieren V. tr.
propinar; atizar; zumbar; pegar

jdn. mit Vorwürfen traktieren	*propinarle reproches a alguien*
jdn. mit Fußtritten traktieren	*pegarle patadas a alguien*

terminar V. tr.
beenden; abschließen

terminar un asunto	*eine Angelegenheit abschließen*

testar V. tr.
ein Testament machen; testamentarisch verfügen

Murió sin testar.	*Er starb, ohne sein Testament gemacht zu haben.*

tinte m.
1. *Farbe; Färbemittel*
2. *Reinigung* (häufig verwendete Abkürzung zu «tintorería»)

traje m.
Anzug; Kleidung

traje de baño	*Badeanzug*
Se hizo un traje a medida.	*Er ließ sich einen Maßanzug schneidern.*

Der bekannte, sehr farbenprächtige, bestickte Anzug der Stierkämpfer heißt auf Spanisch «traje de luces».

tracto m.
1. Als Substantiv: *Darmtrakt* [kein FF]
2. Als Präfix in Zusammensetzungen

tracto-camión	*Sattelschlepper; Schlepper; Zug(maschine)*

tratar V. tr.
behandeln; verhandeln

tratar a alg. con cuidado / con desprecio	*jdn. vorsichtig / verächtlich behandeln*
tratar un tema	*ein Thema behandeln*

tranchieren V. tr.
trinchar (FF nur kontrastiv zu «trancar»)

die Ente tranchieren	*trinchar el pato*
Tranchierbesteck	*cubierto de trinchar*

Transparent n.
pancarta

Auf der Demonstration[FF] sah man zahlreiche Transparente.	*En la manifestación se veían numerosas pancartas.*

Transplantat n.
injerto
Das deutsche Substantiv bezieht sich auf das zu transplantierende Organ, das spanische Wort «transplante» ist jedoch die Operation an sich.

Tresor m.
caja fuerte

einen Tresor aufbrechen	*forzar la caja fuerte*
Die Einbrecher konnten den Tresor nicht finden, statt dessen aber das Silberbesteck.	*Los ladrones no pudieron encontrar la caja fuerte, en cambio sí la cubertería de plata[FF].*

Triller m.
trino; *quiebro* (Gesang); *gorjeo* (Vögel)

tropisch Adj.
tropical

tropisches Klima	*clima tropical*

trancar V. tr.
verriegeln

trancar la puerta	*die Tür verriegeln*

transparente Adj.
durchsichtig; durchlässig

transplante m.
Transplantation

El primer transplante de corazón produjo sensación en todo el mundo.	*Die erste Herztransplantation sorgte auf der ganzen Welt für eine Sensation.*

tesoro m.
Schatz

Tresor

tesoro

trilla f.
Dreschen; Dreschzeit

trópico m.
Wendekreis (Geogr.)

trópico de Cáncer	*Wendekreis des Krebses*

Ultimo m.
fin de mes

Zahlung bei Ultimo	*pago a fin del mes*

Unikum / Unikat n.
1. *tipo raro[FF]* (fig.)

Er ist ein echtes Unikum.	*Es un tipo auténticamente raro[FF].*

2. *ejemplar único*

Diese Briefmarke ist ein Unikat und deshalb ein Vermögen wert.	*Este sello es un ejemplar único y, consecuentemente, vale una fortuna.*

último Adj.
letze(r); neueste(r)

el último número de «El País»	*die letzte (neueste) Ausgabe von «El País»*
En último término[FF] da igual si aprueba el examen o no.	*Letzten Endes[FF] spielt es doch keine Rolle, ob er die Prüfung besteht oder nicht.*

único Adj.
einzig

hijo único	*Einzelkind*

vage Adj.
vago; incierto [kein FF]

nur eine vage Ahnung von etwas haben	*tener sólo una idea muy vaga de algo*

Varieté n.
teatro de variedades

die im Variété auftretenden Künstler	*los artistas[FF] que actúan en el teatro de variedades*

Vase f.
florero

Blumen in die Vase stellen	*poner las flores en el florero*

Vase

vaso

Villa f.
1. *chalet*

Er hat sich eine wunderschöne Villa gekauft.	*Se ha comprado un chalet maravilloso.*

2. *villa* [kein FF]

vago Adj.
1. *vage; unbestimmt; undeutlich* [kein FF]
2. *faul; träge*

hacer el vago	*faulenzen*

variedad f.
Vielfalt; Auswahl

Podemos ofrecerle a usted una gran variedad de géneros.	*Wir können Ihnen eine große Auswahl an Waren zeigen.*

vaso m.
1. *Glas*

¡Dame otro vaso de vino!	*Gib mir noch ein Glas Wein!*

2. *Gefäß; Rohr*

vaso sanguíneo / capilar el principio de los vasos comunicantes	*Blut-/Kapillargefäß das Prinzip der kommunizierenden Röhren*

villa f.
1. *(Klein-)Stadt*

Madrid, la villa del oso y del madroño.	*Madrid, die Stadt mit den Symbolen Bär und Erdbeerbaum.*

2. *Landhaus; Villa* [kein FF]

Vision f.
Kein FF in der Richtung Deutsch – Spanisch.
1. *idea; visión; proyecto* (Idee; Vorhaben) [kein FF]

| Die Regierung versucht ihre Visionen über das Zusammenleben Europas in die Tat umzusetzen. | *El Gobierno intenta hacer realidad sus proyectos sobre la convivencia de los estados europeos.* |

2. *visión; aparición* (Psych.) [kein FF]

| Im Delirium hatte er wundersame Visionen. | *En su delirio tenía extrañas visiones.* |

Visitation f.
inspección; registro

| Leibesvisitation | *cacheo* |

Volontär m.
practicante; meritorio

| Zeitungsvolontär | *practicante en el periódico* |

visión f.
1. *Erscheinung*
2. *Sicht; Sehvermögen*

El espectador tenía una mala visión.

Der Zuschauer hatte eine schlechte Sicht.

3. *Vision* (Psych.) [kein FF]
4. *Vorstellung; Idee* [kein FF]

Visitación, La f.
Mariä Heimsuchung (2. Juli)

voluntario m. / Adj.
1. Als Substantiv: *Freiwilliger*

Se ha apuntado como voluntario para hacer servicio [FF] en la zona conflictiva.

Er hat sich als Freiwilliger für den Einsatz im Krisengebiet gemeldet.

«Voluntario» wird auch als Synonym zu «cooperante» (=Entwicklungshelfer) verwendet.
2. Als Adjektiv: *freiwillig*

zensieren V. tr.
1. *someter a censura* (einer Zensur unterwerfen)

Trotz offiziell bestehender Presse^{FF}freiheit konnte dieser Beitrag erst veröffentlicht werden, nachdem er zensiert worden war.	*Pese a que existía oficialmente libertad de prensa, este artículo no pudo publicarse sino después de haber sido sometido a censura.*

2. *calificar; poner notas; evaluar* (mit einer Beurteilung versehen)

Diese Arbeit wird nicht zensiert.	*A este trabajo no se le pone notas. / Este trabajo no se califica.*

Zirkel m.
1. *compás* (Instrument)
2. *círculo* (fig.); *grupo* (Personenkreis) [kein FF]

die literarischen Zirkel	*los círculos literarios*

Zigarillo m.
purito
Unter „Zigarillo" versteht man im Deutschen eine kleine Zigarre. Das Wort kommt aus dem Spanischen «cigarrillo» und ist die Verkleinerungsform (Diminutiv: « -illo») von «cigarro» (= Zigarrre). Heute wird jedoch im Spanischen für „Zigarre" meist das Wort «puro» verwendet.

Sie rauchte zunächst Zigaretten, ging aber bald zu Zigarillos über.	*Empezó fumando cigarrillos pero pronto pasó a fumar puritos.*

Zivilist m.
paisano; persona civil

Im Krieg werden nicht einmal die Zivilisten geschont.	*En la guerra no se respeta ni a los civiles.*

censar V. intr.
eine Volkszählung durchführen

> Miembros de los partidos de la oposición estaban en contra del proyecto de censar la población vasca.

> *Mitglieder der Oppositionsparteien waren gegen das Vorhaben, eine Volkszählung der baskischen Bevölkerung durchzuführen.*

Die reflexive Form «censarse» bedeutet „sich anmelden" (beim Einwohnermeldeamt / bei der Polizei / bei der Kreisverwaltungsbehörde usw.)

círculo m.
1. *Kreis*
2. *Gruppe; Kreis* (fig.) [kein FF]

> en el círculo de la familia

> *im Familienkreis*

cigarrillo m.
Zigarette

Zigarillo   cigarrillo

civilista m.
Zivilrechtler

> El catedrático Suárez es un gran civilista.

> *Professor[FF] Suárez ist ein bekannter Zivilrechtler.*

Wählen Sie die richtige Entsprechung.
Immer nur eine Möglichkeit ist korrekt.

Madrid, 25 de abril de 1998

Muy estimados señores:

Les agrademos su letra/carta/tarjeta del 10 del corriente y la visita de
su colaborador/colega/cooperador, el Sr. Casal, en nuestra casa.
En condiciones/términos/plazos generales, su oferta nos parece
apropiada.

Lamentablemente tenemos que informarles que sus precios son
demasiado altos/raros/vagos para el mercado español.
Como la competividad/competencia/concurrencia es muy fuerte,
perderíamos cuotas en el mercado con los precios indicados en su lista.
Estaríamos dispuestos, sin embargo, a ordenarles/pedirles/
comunicarles una importante cantidad si nos concedieran una rebaja
del 20 % sobre sus precios indicados.

¿Es posible la venta a plazo fijo/término fijo/fecha fija si les pasamos
el pedido hasta el 30 de abril?

Debido a compromisos/competencias/comprobaciones a largo plazo
con una compañía de seguros, desearíamos concertar el seguro
nosotros mismos.

En espera de su pronta respuesta les saludamos muy atentamente.

Editorial Sal y Sal

Pedro Salderriaga

---

2 *Sí* oder *no*? Geben Sie an, ob folgende Aussagen/Sätze richtig oder falsch sind.

1. Los autos son unos documentos en los que constan
   p.ej. los antecedentes de una persona.   sí ☐   no ☐

2. Pablo Picasso es uno de de los artistas más conocidos
   de España.   sí ☐   no ☐

3. «Absolver el examen» es lo contrario de «suspender»
   el examen.   sí ☐   no ☐

4. Debido a un fallo en el disquete no pudo seguir
   trabajando.   sí ☐   no ☐

5. «Hurto» significa «muy rápido», «pronto».   sí ☐   no ☐

3 Was bedeuten die folgenden Ausdrücke?
Kreuzen Sie jeweils die richtige Angabe an.

1. «radiar»	**a** emitir	**b** borrar algo escrito	**c** marcar
2. «estar harto»	**a** estar fastidiado	**b** tener hambre	**c** ser imprudente
3. «el estadista»	**a** persona que trabaja en el teatro	**b** cosmopolita	**c** gran político
4. «el jornal»	**a** anuncio en un periódico	**b** tipo de salario	**c** revista
5. «el tapete»	**a** cubierta de tela que se pone en la mesa	**b** tapiz	**c** papel que se emplea para adornar las paredes

Geben Sie die entsprechende Übersetzung für den (fett markierten) „Falschen Freund" an.

> Eigentlich wollte Tomás in den **Ferien** nach England fahren, aber da kam die **Panne** mit seinem Auto dazwischen.
>
> Außerdem hatte er noch viele Dinge zu erledigen: Zum einen wollte er seine **Promotion** abschließen, zum zweiten **laborierte** er noch immer mit dieser alten Verletzung am Knie herum und wollte deshalb endlich einen **Termin** beim Arzt vereinbaren. Und schließlich wollte er noch das **Abonnement** für die Zeitung abbestellen.
>
> Außerdem hatte er noch einen **Termin** bei seinem Rechtsanwalt. Er hatte nämlich verbotenerweise **Plakate** aufgeklebt und bei einer **Demonstration Transparente** getragen.
>
> Der **Referendar** empfing ihn mit den Worten: „Machen Sie sich keine Sorgen, **am Ende** wird alles gut ausgehen".
>
> Doch beide hatten sich im **Datum** geirrt – die Verhandlung war erst nächsten Monat.

2 Kreuzen Sie die jeweils richtige Entsprechung an.

1. Die Organisation erdölexportierender Länder

❏ **a** Organización de Países exportadores de Petróleo – OPEP
❏ **b** Organización de Países exportadores de Crudo – OPEC
❏ **c** Organización de Países exportadores de Óleo – OPEO

2. Einberufung einer „Ordentlichen Hauptversammlung einer Aktiengesellschaft"

❏ **a** convocatoria de la Junta General Ordenada de una sociedad anónima
❏ **b** convocatoria de la Junta General Ordinaria de una sociedad anónima
❏ **c** convocatoria de la Junta General Originaria de una sociedad anónima

3. einen Termin beim Arzt vereinbaren

☐ **a** fijar una cita con el médico
☐ **b** fijar hora con el médico
☐ **c** fijar un término con el médico

4. ein komisches Gefühl haben

☐ **a** tener un presentimiento cómico
☐ **b** tener un presentimiento curioso
☐ **c** tener un presentimiento raro

5. Le hace mucha ilusión ir a París.

☐ **a** Die Reise nach Paris bleibt für ihn nur eine Illusion.
☐ **b** Er freut sich sehr darauf, nach Paris zu reisen.
☐ **c** Er macht sich keine Illusionen über die Reise nach Paris.

3 Was bedeuten die folgenden Ausdrücke?
Kreuzen Sie die richtige Angabe an.

1. «ignorar a una persona»	**a** no querer hablar con alguien	**b** juzgar a alguien	**c** no conocer a alguien
2. «el importe»	**a** sinónimo de importación	**b** persona que importa mercancías a su país	**c** cantidad
3. «bravo»	**a** audaz	**b** bueno	**c** estudioso
4. «el codo»	**a** código	**b** parte de la cara	**c** articulación del brazo
5. «el lustro»	**a** candelabro	**b** lluvia	**c** periodo de tiempo que abarca cinco años

1 Kreuzen Sie die jeweils richtige Entsprechung an.

1. Akkordarbeit

❏ **a** trabajo a destajo
❏ **b** trabajo por acuerdo
❏ **c** jornada laboral

2. ältere Menschen (Senioren)

❏ **a** personas altas
❏ **b** personas más altas
❏ **c** personas mayores

3. Delikatessengeschäft

❏ **a** tienda delicada
❏ **b** tienda de ultramarinos finos
❏ **c** estanco

4. der Dirigent der Berliner Philharmoniker

❏ **a** el director de la orquestra filarmónica de Berlín
❏ **b** el dirigente de la orquestra filarmónica de Berlín
❏ **c** el directivo de la orquestra filarmónica de Berlín

5. den Motor frisieren

❏ **a** frisar el motor
❏ **b** arreglar el motor
❏ **c** trucar el motor

2 *Sí* oder *no*? Bitte geben Sie an, ob folgende Aussagen/Sätze richtig oder falsch sind.

1. Una berlina es un coche cerrado (lo contrario de un coche descapotable).   sí ❏   no ❏

2. Para jugar al fútbol hace falta un balón.   sí ❏   no ❏

3. Una infusión es una bebida preparada con hierbas en agua hirviente.   sí ❏   no ❏

4. Un jornal es una publicación que sale diariamente.   sí ❏   no ❏

5. La facultad de Derecho en una Universidad se llama «Colegio de abogados».   sí ❏   no ❏

3 Was bedeuten die folgenden Ausdrücke?
Kreuzen Sie die richtige Angabe an.

1. «el requisito»

| **a** condición previa | **b** utensilio auxiliar utilizado en el teatro | **c** petición |

2. «el bufete»

| **a** despacho de un abogado | **b** restaurante | **c** comida caliente o fría que se sirve de una vez |

3. «por ende»

| **a** al final | **b** por fin | **c** por eso |

4. «darse de alta»

| **a** declarar curada a una persona (en un hospital) | **b** pagar impuestos | **c** inscribirse |

5. «el betún»

| **a** mezcla de varios ingredientes para limpiar zapatos | **b** mezcla de piedras pequeñas y cemento que se usa en la construcción | **c** suela |

1 *Sí* oder *no*? Geben Sie an, ob folgende Aussagen/Sätze richtig oder falsch sind.

1. Un flamante coche es un coche con un color muy especial.　sí ☐　no ☐

2. En una feria se exponen mercancías y géneros nuevos para presentarlos al público.　sí ☐　no ☐

3. La «camilla» es un tipo de jerez muy seco que se toma de aperitivo con una tapa.　sí ☐　no ☐

4. La denominación de profesión «sus labores» se refiere a un químico.　sí ☐　no ☐

5. «¡No me des la lata!» quiere decir «¡No me mientas!»　sí ☐　no ☐

2 Was bedeuten die folgenden Ausdrücke? Kreuzen Sie jeweils die richtige Angabe an.

	a	b	c
1. «la fracción»	**a** grupo de parlamentarios	**b** rotura de un hueso	**c** división de una cosa en varias partes
2. «una tableta»	**a** pastilla	**b** mesita	**c** pieza de metal (p. ej. de plata para servir platos, copas, etc.)
3. «a la sazón»	**a** pronto	**b** durante la sesión	**c** entonces
4. «en último término»	**a** el último plazo	**b** fin de mes	**c** al final
5. «la prima»	**a** precio que tiene que pagar el asegurado a la compañía aseguradora	**b** un miembro de la familia	**c** fantástico, sensacional

3 Kreuzen Sie die jeweils richtige Entsprechung an.

1. die Notierungen der Aktien an der Börse

☐ **a** las notaciones de las acciones en Bolsa
☐ **b** las anotaciones de las acciones en Bolsa
☐ **c** las cotizaciones de las acciones en Bolsa

2. Haben Sie auch Postkarten?

☐ **a** ¿Tienen también cartas?
☐ **b** ¿Tienen también tarjetas postales?
☐ **c** ¿Tienen también mapas?

3. Es un niño es muy listo.

☐ **a** ein sehr kluges Kind
☐ **b** ein sehr raffiniertes Kind
☐ **c** ein sehr vorlautes Kind

4. Raúl hace el vago.

☐ **a** Raúl äußerst sich nur sehr vage.
☐ **b** Raúl äußerst sich sehr geschickt.
☐ **c** Raúl ist ziemlich faul.

5. Kriminalpolizei

☐ **a** policía criminal
☐ **b** brigada criminal
☐ **c** agencia de investigación criminal

In diesem Brief haben einige „Falsche Freunde" zu Verwechslungen geführt. Entdecken Sie die Fehler und geben Sie statt dessen die richtige Lösung an. Die „Falschen Freunde" sind fett markiert.

Querida Ana:

¿Cómo estás? Nosotros estamos **pasando** unas **ferias** maravillosas aquí en Mallorca. Hemos alquilado una **casa** en el interior de la isla, pero era muy difícil encontrarla porque no nos habíamos traído una **carta**. La casa es preciosa. Tiene tres habitaciones y una terraza con una **marquesa** roja donde se está muy bien sentado a la sombra. Y sabes quién vive al lado? El **dirigente** del partido «Todos Unidos». Pero es un tío muy **raro.** Se **irritó** mucho cuando le pedimos un autógrafo. Ayer compré un **regalo** a mi **prima** Marina, para su cumpleaños. Un **mantel,** que sólo me costó 2.000 Pesetas. Es que aquí normalmente te piden unos precios **horrorosos.** Y a su marido José le he comprado una **capa** para llevarla cuando juegue al tenis. Mañana vamos a empezar con un curso de golf. A Miguel le haría mucha **ilusión** quedarse aquí para siempre. Quiere **fundir** una empresa para la **importación** de coches.

Bueno, espero que lo paséis bien allí.

Un abrazo,

Cornelia

2 Kreuzen Sie die jeweils richtige Entsprechung an.

1. fundierte Argumente

❏ **a** argumentos graves
❏ **b** argumentos fundidos
❏ **c** argumentos fundados

2. Mein Kompliment!

❏ **a** mi piropo
❏ **b** mi cumplimiento
❏ **c** enhorabuena

3. der Statist (am Theater)

❏ **a** el estadista
❏ **b** el extra
❏ **c** el estadístico

4. ein Training absolvieren

❏ **a** absolver un entrenamiento
❏ **b** hacer un entrenamiento
❏ **c** aprobar un entrenamiento

5. „Damit kannst du mir überhaupt nicht imponieren!"

❏ **a** «Con eso no me importas en absoluto!»
❏ **b** «Con eso no me impones en absoluto!»
❏ **c** «Con eso no me impresionas en absoluto!»

3 *Sí* oder *no*? Geben Sie an, ob folgende Aussagen/Sätze richtig oder falsch sind.

1. «Abonar en cuenta» significa abrir una cuenta bancaria.   sí ❏   no ❏

2. «Bombón» es un piropo que se echa a una mujer muy atractiva.   sí ❏   no ❏

3. Un «fallo» es una sentencia del juez.   sí ❏   no ❏

4. Un «mapa» es una cartera grande para guardar papeles.   sí ❏   no ❏

5. Un «mantel» es una tela que se pone en la mesa para comer.   sí ❏   no ❏

6. «Salir a concurso» significa declararse en quiebra.   sí ❏   no ❏

Test 1
1. (1) carta; (2) colaborador; (3) términos; (4) altos; (5) competencia;
   (6) pedirles; (7) plazo fijo; (8) compromisos

2. (1) sí; (2) sí; (3) no; (4) sí; (5) no

3. (1) a; (2) a; (3) c; (4) b; (5) a

Test 2
1. (1) vacaciones; (2) avería; (3) doctorado (tesis doctoral); (4) padecía;
   (5) hora; (6) suscripción; (7) vista; (8) carteles; (9) manifestación;
   (10) pancartas; (11) pasante/licenciado en Derecho; (11) al final; (12) fecha

2. (1) a; (2) b; (3) b; (4) c; (5) b

3. (1) c; (2) c; (3) a; (4) c; (5) c

Test 3
1. (1) a; (2) c; (3) b; (4) a; (5) c

2. (1) sí; (2) sí; (3) sí; (4) no; (5) no

3. (1) a; (2) a; (3) c; (4) c; (5) a

Test 4
1. (1) no; (2) sí; (3) no; (4) no; (5) no

2. (1) c; (2) a; (3) c; (4) c; (5) b

3. (1) c; (2) b; (3) a; (4) c; (5) c

Test 5
1. (1) «vacaciones» statt «ferias»; (2) «un mapa» statt «una carta»;
   (3) «marquesina» statt «marquesa»; (4) «exorbitantes» statt «horrorosos»;
   (5) «gorro» statt «capa»; (6) «fundar» statt «fundir»

2. (1) c; (2) c; (3) b; (4) b; (5) c

3. (1) no; (2) sí; (3) sí; (4) no; (5) sí; (6) no

Register der spanischen Wörter